Hermann Weinhauer

LANDSER IM WELTKRIEG

Weserübung – Die dramatischen Einsätze der
Deutschen Kriegsmarine bei der Besetzung Dänemarks
und Norwegens

EK-2 Militär

LANDSER IM WELTKRIEG

Jeder Band dieser Romanreihe erzählt eine fiktionale Geschichte, die vor dem Hintergrund realer Ereignisse und Schlachten im Zweiten Weltkrieg spielt. Im Zentrum der Geschichte steht das Schicksal deutscher Soldaten.

Wir lehnen Krieg und Gewalt ab. Kriege im Allgemeinen und der Zweite Weltkrieg im Besonderen haben unsägliches Leid über Millionen von Menschen gebracht.

Deutsche Soldaten beteiligten sich im Zweiten Weltkrieg an fürchterlichen Verbrechen. Deutsche Soldaten waren aber auch Opfer und Leittragende dieses Konfliktes. Längst nicht jeder ist als glühender Nationalsozialist und Anhänger des Hitler-Regimes in den Kampf gezogen – im Gegenteil hätten Millionen von Deutschen gerne auf die Entbehrungen, den Hunger, die Angst und die seelischen und körperlichen Wunden verzichtet. Sie wünschten sich ein »normales« Leben, einen zivilen Beruf, eine Familie, statt an den Kriegsfronten ums Überleben kämpfen zu müssen. Die Grenzerfahrung des Krieges war für die Erlebnisgeneration epochal und letztlich zog die Mehrheit ihre Motivation aus dem Glauben, durch ihren Einsatz Freunde, Familie und Heimat zu schützen.

Prof. Dr. Sönke Neitzel bescheinigt den deutschen Streitkräften in seinem Buch »Deutsche Krieger« einen bemerkenswerten Zusammenhalt, der bis zum Untergang 1945 weitgehend aufrechterhalten werden konnte. Anhänger des Regimes als auch politisch Indifferente und Gegner der NS-Politik wurden im Kampf zu Schicksalsgemeinschaften zusammengeschweißt.

Genau diese Schicksalsgemeinschaften nimmt »Landser im Weltkrieg« in den Blick.

Bei den Romanen aus dieser Reihe handelt es sich um gut recherchierte Werke der Unterhaltungsliteratur, mit denen wir uns der Lebenswirklichkeit des Landsers an der Front annähern. Auf diese Weise gelingt es uns hoffentlich, die Weltkriegsgeneration besser zu verstehen und aus ihren Fehlern, aber auch aus ihrer Erfahrung zu lernen.

Nun wünschen wir Ihnen viel Lesevergnügen mit dem vorliegenden Werk.

Ihre Zufriedenheit ist unser Ziel!

Liebe Leser, liebe Leserinnen,

zunächst möchten wir uns herzlich bei Ihnen dafür bedanken, dass Sie dieses Buch erworben haben. Wir sind ein kleines Familienunternehmen aus Duisburg und freuen uns riesig über jeden einzelnen Verkauf!

Unser wichtigstes Anliegen ist es, Ihnen ein angenehmes Leseerlebnis zu bieten.

Damit uns dies gelingt, sind wir sehr an Ihrer Meinung interessiert. Haben Sie Anregungen für uns? Verbesserungsvorschläge? Kritik?

Schreiben Sie uns gerne: info@ek2-publishing.com

Nun wünschen wir Ihnen ein angenehmes Leseerlebnis!

Heiko und Jill von EK-2 Militär

WESERÜBUNG

Die Frage einer militärischen Besetzung Norwegens wurde von Seiten der deutschen Marine seit den zwanziger Jahren besprochen.

Anlass für mehrere Planspiele war eine dahingehende Studie des damaligen Vizeadmirals Wolfgang Wegener. Diese besagte unter anderem, dass die seestrategische Lage des 1. Weltkrieges sich durch die Gewinnung der norwegischen Stützpunkte wesentlich gebessert hätte.

Dessen Sohn, welcher 1939 erster Artillerieoffizier auf dem schweren Kreuzer *Admiral Hipper* war, griff die Idee seines Vaters erneut auf und verfasste eine entsprechende Denkschrift.

Die Seekriegsleitung jedoch vertrat seine Ansicht nicht und war überzeugt, dass eine strikte Neutralität Norwegens gewinnbringender sei.

Als sich das politische Klima in Europa in einem deutsch-polnischen Krieg entlud, überreichte die deutsche Reichsregierung demnach bereits am 2. September 1939, noch bevor die englische und französische Kriegserklärung an Deutschland eintraf, in Oslo eine Note. Diese betonte den Willen, die norwegische Neutralität zu wahren. Sie behielt sich jedoch auch eine gewisse Handlungsfreiheit vor, falls eben diese Neutralität von anderen Parteien verletzt werden würde. Sowohl für das Oberkommando der Kriegsmarine als auch für die Seekriegsleitung war letztendlich die Sicherung der Erztransporte über Narvik und nicht die Errichtung von Stützpunkten der Faktor für die Besetzung Norwegens.

Winston Churchill, der ab dem 5. September 1939 wieder Marineminister war, forderte wiederholt und unbeirrt durchgreifende Maßnahmen, um das Deutsche Reich von seiner lebenswichtigen Erzzufuhr abzuschneiden, unter anderem durch ein unter verbrecherischer Missachtung der norwegischen Neutralität durchzuführendes Minenunternehmen nördlich von Bergen. Das britische Kriegskabinett hingegen wollte keinerlei Aktionen starten, bevor nicht ein deutscher Angriff auf Norwegen klar zu erkennen sei.

Das ständige Drängen Churchills, seinen Plänen nachzugeben, machte jedweden Versuch einer Geheimhaltung zunichte. So hatte die Seekriegsleitung seit Oktober Kenntnis von dahingehenden britischen Plänen.

Admiral Canaris gab dem Oberkommandierenden der Kriegsmarine, Großadmiral Erich Raeder Kristiansand, Stavanger und Drontheim als vermutliche Landungsstellen an und der deutsche Marineattaché in Oslo berichtete, dass man auf norwegischer Seite fest mit einer englischen Landung rechne.

Der Befehlshaber des Marinegruppenkommandos Ost, Admiral Carls trat für eine gewaltfreie Lösung auf diplomatischem Wege ein, um einer britischen Landung zuvorzukommen.

Großadmiral Raeder vertrat dennoch die Meinung, dass eine strikte Neutralität der beste Schutz sei. Außerdem sei dies eine politische Entscheidung und dafür sei die Reichsregierung und nicht die Kriegsmarine zuständig.

Ein Vortrag Raeders bei Hitler erzielte dahingehend Übereinstimmung. Es sollte nichts unternommen werden, bevor nicht die Alliierten den ersten Schritt taten.

Es war eine bezeichnende Tatsache, dass man auf beiden Seiten nahezu gleiche Beschlüsse fasste und auf den ersten Schritt der Gegenseite wartete.

Diese Phase des gegenseitigen Belauerns wurde durch das unvorhergesehene Handeln der Sowjets unterbrochen, welche den bis zum Jahr 1948 gültigen Nichtangriffspakt mit Finnland ohne vorherige Kriegserklärung brachen und in Finnland einmarschierten. Da es eine breite Sympathie für Finnland gab, wollte man dies nutzen, um mit einem Hilfsangebot für Finnland die restlichen skandinavischen Länder auf die eigene Seite zu ziehen. Dadurch hätte man, gedeckt durch die Grundsätze des Völkerbundes, in Norwegen landen können und dabei gleichzeitig die Erzzufuhr nach Deutschland verhindern können.

Nun trat eine Gestalt mit Namen Vidkun Quisling auf den Plan. Er war ehemaliger Major der norwegischen Armee, einstiger Staatsrat, Kriegsminister, Führer der norwegischen Partei Nasjonal Samling und Bekannter Alfred Rosenbergs. Er wurde auf Vermittlung Rosenbergs von Raeder empfangen, erstattete ihm Bericht und erbat Geld und Unterstützung für einen Staatsstreich in Norwegen. Danach wollte er offiziell das Deutsche Reich um Hilfe bitten, um so einer alliierten Besatzung zuvorzukommen. Der Großteil von dem, was Quisling dem Großadmiral zu berichten hatte, war diesem längst bekannt. Raeder hörte sich den Vortrag bis zuletzt an und erklärte abschließend, dass Politik nicht in seinen Aufgabenbereich falle, er den Inhalt des Vortrages jedoch an die maßgebliche Stelle weiterleiten werde. Der Führer und Reichskanzler Adolf Hitler sicherte Hilfsgelder zu, wünschte aber trotz allem eine norwegische Neutralität.

Die Westalliierten überreichten der norwegischen Regierung am 27. Dezember 1939 ein Unterstützungsangebot. Diesem folgte am 6. Januar 1940 eine scharfe Note, welche die Verhinderung der Erztransporte nach Deutschland und die Unterbindung der Benutzung der norwegischen Hoheitsgewässer durch deutsche Handelsschiffe zum Inhalt hatte. Dafür würden alle Maßnahmen getroffen werden und zu diesem Zweck würden Streitkräfte der Royal Navy auch in norwegischen Hoheitsgewässern operieren.

Am 20. Januar 1940 erließ Churchill eine Erklärung, dass sich die neutralen Staaten nunmehr den Alliierten anschließen sollen.

Premier Chamberlain indes lehnte jegliche Neutralitätsverletzung ab.

Da in der Zwischenzeit die geheimen deutschen Aufmarschpläne für den Frankreichfeldzug in französische Hände gefallen waren, hielt es nun der französische Generalstab für notwendig sich einzumischen und forderte zur eigenen Entlastung eine zweite Front.

Der oberste Kriegsrat der Alliierten beschloss unter dem Vorwand finnischer Waffenhilfe eine Landung englisch-französischer Truppen in Narvik.

Der britische Außenminister teilte dem norwegischen Gesandten in London am 6. Februar 1940 mit, dass man nun endgültig gedenkt, die deutschen Narviktransporte zu unterbinden.

Es dauerte ungewöhnlich lange, bis die drei nordischen Länder Dänemark, Norwegen und Schweden am 25. Februar 1940 eine Antwort auf diese Drohung fanden. An diesem Datum betonten die drei Regierungen nochmals ihre strikte Neutralität und lehnten darüber hinaus das finnische Gesuch einer englisch-französischen Durchmarscherlaubnis ab.

Am 6. März leitete die finnische Regierung Friedensverhandlungen ein, welche dann am 12. März mit der Unterzeichnung des Friedensvertrags beendet wurden.

Als dieser in Großbritannien bekannt wurde, wurde die Einwilligung zur Landung des Expeditionskorps vom britischen Kriegskabinett sofort wieder zurückgezogen. Mit der Kapitulation Finnlands ging der alliierte Vorwand für eine einigermaßen legale Landung in Norwegen verloren.

Am 27. Januar befahl Hitler seinerseits dem Chef des Oberkommandos der Wehrmacht, Generaloberst Wilhelm Keitel die Bildung eines Sonderstabes, um einen Operationsplan der drei Wehrmachtsteile für eine eventuelle Besetzung Norwegens zu erörtern. Der Tarnname des Unternehmens sollte *Fall Weserübung* lauten.

Noch vor Ende des finnisch-russischen Winterkrieges kam es am 6. Februar 1940 zum sogenannten Altmark-Zwischenfall. Dabei überfiel der britische Zerstörer *Cossack* das im Jossingfjord liegende deutsche Trossschiff *Altmark,* um die 303 sich an Bord befindlichen britischen Gefangenen zu befreien. Dabei kamen acht deutsche Seeleute ums Leben und mehrere wurden verletzt.

Nach weiteren Verletzungen des norwegischen Hoheitsrechts durch England wuchs auf der deutschen Seite der Zweifel, dass Norwegen seine Neutralität auch gegen England durchsetzen können würde.

Daher befahl Hitler am 20. Februar, die operativen Vorbereitungen zum Unternehmen *Weserübung* einzuleiten und General Nikolaus von Falkenhorst, einen Expeditionsverband für Norwegen aufzustellen. Die Anzeichen für eine alliierte Besetzung verdichteten sich mehr und mehr und die oberste deutsche Führung befürchtete eine Umfassungsoperation der Briten und Franzosen, um über Norwegen in die Ostsee zu gelangen und dadurch durch Umgehung der Fronten nach Berlin zu stoßen. Auf Drängen der Luftwaffe und um Nachschubprobleme durch die Benutzung dänischer Luftwaffen- und Marinestützpunkte zu verhindern, wurde nun auch Dänemark mit in den Plan einbezogen.

Die deutsche Admiralität war sich von Anfang an der Tatsache bewusst, dass dieses Unternehmen den Einsatz fast der gesamten Seestreitmacht notwendig machen würde. Der Marinesachverständige des Sonderstabes im Oberkommando der Wehrmacht, Kapitän zur See Krancke gab zu bedenken, dass mit dem Verlust aller beteiligten Schiffe gerechnet werden müsse. Großadmiral Raeder äußerte, dass er es für günstig halte, wenn bei Hin- und Rückmarsch nur ein Drittel der beteiligten Einheiten eingebüßt werden.

Am 15. März 1940, drei Tage nach der finnischen Kapitulation wurden Funksprüche abgefangen, welche den Inhalt hatten, dass es einen Aufschub und nicht etwa eine Aufgabe des britischen Norwegenunternehmens gebe.

Raeder empfahl daraufhin den 7. April 1940 als Stichtag für *Weserübung*, denn dies war der Beginn einer Neumondperiode und man benötigte besonders für die Narvik-Gruppe lange Nächte.

Am 29. März wurde in einer Lagebesprechung bekannt gegeben, dass der Marineattaché in Oslo äußerte, dass alle norwegischen Flak- und vermutlich auch die Küstenbatterien Erlaubnis zur Feuereröffnung erhalten hätten.

Von Seiten der Kriegsmarine waren alle Vorbereitungen abgeschlossen und alle Einsatzgruppen bereit. Am 2. April befahl Hitler die Durchführung von *Weserübung* für den 9. April. Also mussten die ersten Verbände am 7. April auslaufen.

Die beteiligten Schiffe waren in folgende Gruppen eingeteilt:

Kriegsschiffgruppe 1

Ziel: Narvik

Z 2 *Georg Thiele*
Z 9 *Wolfgang Zenker*
Z 11 *Bernd von Arnim*
Z 12 *Erich Giese*
Z 13 *Erich Koellner*
Z 17 *Diether von Roeder*
Z 18 *Hans Lüdemann*
Z 19 *Hermann Künne*
Z 21 *Wilhelm Heidkamp*
Z 22 *Anton Schmitt*

Kriegsschiffgruppe 2

Ziel: Trondheim

Schwerer Kreuzer *Admiral Hipper*
Z 5 *Paul Jacobi*
Z 6 *Theodor Riedel*
Z 8 *Bruno Heinemann*
Z 16 *Friedrich Eckoldt*

Kriegsschiffgruppe 3

Ziel: Bergen

Leichter Kreuzer *Köln*
Artillerieschulschiff *Bremse*
Torpedoboote *Leopard und Wolf*
Schnellboote *S 19, S 21, S 22, S 23, S 24*
Mehrere Hilfsschiffe

Kriegsschiffgruppe 4

Ziel: Kristiansand

Leichter Kreuzer *Karlsruhe*
Torpedoboote *Luchs, Greif, Seeadler*
Schnellboote *S 7, S 8, S 17, S30, S 31, S 32, S 33*
Schnellbootbegleitschiff *Tsingtau*

Kriegsschiffgruppe 5

Ziel: Oslo

Schwerer Kreuzer *Blücher*
Schwerer Kreuzer *Lützow*
Leichter Kreuzer *Emden*
Torpedoboote *Albatros, Kondor, Möwe*
Räumboote *R 17-R 24*
Walfangschiff *Rau 7* und *Rau 8*

Kriegsschiffgruppe 6

Ziel: Egersund

Minensuchboot *M 1, M 2, M 9* und *M 13*

Kriegsschiffgruppe 7

Ziel: Nyborg

Linienschiff *Schleswig-Holstein*
Mehrere Hilfsschiffe

Kriegsschiffgruppe 8

Ziel: Kopenhagen

Minenschiff *Hansestadt Danzig*
Eisbrecher *Stettin*
13. Vorpostenflottille

Kriegsschiffgruppe 9

Ziel: Middlefart

Transporter *Rugard*
Minensuchboot *M 157*
Räumboo*t R 6 und R 7*
Mehrere Hilfsschiffe

Kriegsschiffgruppe 10

Ziel: Esbjerg

Minensuchboot *M 4, M 20, M 84* und *M 102*
Mehrere Hilfsschiffe

Kriegsschiffgruppe 11

Ziel: Limfjord

Minensuchboot *M 61, M 89, M 110, M 111, M 134, M 136*
Räumboot *R 33-R 40*

Auf alliierter Seite wurde der mehr oder weniger glücklose französische Ministerpräsident Daladier durch Paul Reynaud ersetzt und dieser unterstützte die Norwegenpläne Winston Churchills entscheidend. Der Oberste Alliierte Kriegsrat kündigte erneut durch Noten an die Regierungen von Norwegen und Schweden schärfste Maßnahmen gegen die deutschen Erztransporte an. Die Proteste des norwegischen Gesandten in London betreffend der Nutzung der norwegischen Hoheitsgewässer durch britische Schiffe blieb erfolglos.

Das Kriegskabinett hatte Pläne für die vom Premier erwähnten Aktionen ausgearbeitet, welche zunächst die Bezeichnung *Wilfred* trugen. Innerhalb der norwegischen Hoheitsgewässer sollten drei Minensperren errichtet werden, wobei eine fingiert sein sollte. Das Unternehmen sollte am 5. April beginnen, wurde aber auf den 8. April verschoben.

Um während der Operation *Wilfred* einen eventuellen Durchbruchsversuch von starken deutschen Überwasserstreitkräften zu erkennen, wurden mindestens 16 Unterseeboote zur Überwachung aller in Frage kommenden Anmarschwege eingesetzt.

Die Alliierten waren sich vollkommen im Klaren darüber, dass *Wilfred* scharfe deutsche Gegenmaßnahmen zur Folge haben könnte, vielleicht sogar einen Angriff auf Norwegen selbst. Daher wurde erneut ein Expeditionskorps zur Unterstützung Norwegens aufgestellt. Zwei Bataillone für Stavanger und Bergen sollten auf vier Kreuzern von Rosyth auslaufen. Das Unternehmen *Wilfred* lief an. Am gleichen Tag erfuhr Admiral Forbes, dass alle vier norwegischen Küstenpanzer in Narvik lägen. Dies bedeutete eine nicht unerhebliche Gefährdung für die geplante Westfjord-Minensperre. Das veranlasste ihn zur Entsendung des Schlachtkreuzers *Renown* sowie vier Geleitzerstörern zum Schutz der Einsatzgruppe. Diesem Verband schlossen sich nach und nach noch acht weitere Zerstörer an.

Am 6. April 1940 gab es vermehrt Anzeichen über Aktivitäten von deutschen Seestreitkräften und Zusammenziehungen in den deutschen Ostseehäfen. Als auch die Anwesenheit der Schlachtschiffe *Scharnhorst* und *Gneisenau* in Wilhelmshafen bekannt wurde, gab es bei den Briten zahlreiche Spekulationen, denn besonders letzteres bereitete der britischen Admiralität Kopfzerbrechen. Man befürchtete einen möglichen Durchbruch in den Atlantik. Ungewöhnlich und auffallend war die Unterlassung, die britische Home Fleet weder eine Position zur Deckung ihrer Minenlegergruppe noch zum Abfangen eines möglichen Atlantikdurchbruchs beziehen zu lassen. Dies sollte sich noch als fataler Fehler erweisen.

Am späten Nachmittag des 7. April meldete eine Hudson-Aufklärungsmaschine einen feindlichen Kreuzer mit sechs Zerstörern mit Nordkurs in Höhe von Horns Riff. In der britischen Admiralität war man zwiegespalten. Zu oft schon hatten sich solche und ähnliche Meldungen in der jüngsten Vergangenheit als falsch erwiesen. Oder hatte der Gegner von *Wilfred* erfahren? Plante er vielleicht selbst ein Unternehmen?

Die englische Minenlegergruppe sollte am Morgen des 8. April ihre Unternehmungen durchführen. Danach sollte die norwegische Regierung davon in Kenntnis gesetzt werden. Man einigte sich in der Admiralität zwar vorerst darauf, noch weitere Nachrichten abzuwarten, aber die Home Fleet bereits in See stechen zu lassen. Kurz nach dem Eingang der Sichtmeldung des Aufklärers schickte man 35 Bomber los. Ein Teil davon fand den Verband und griff an. Nach eigenen Angaben erzielten die Flugzeuge jedoch keinen Treffer.

Der Führer des Bomberverbandes meldete, dass der Schiffsverband wahrscheinlich aus einem Schlachtkreuzer, zwei Kreuzern und zehn Zerstörern bestand. Der Funkspruch wurde jedoch von keiner Funkstation aufgefangen, daher konnte die Meldung erst bei der Landung des Verbandes wei-

tergegeben werden und wurde der Admiralität erst
vier Stunden später übergeben. Umgehend leitete
die Admiralität nun Sofortmaßnahmen ein und ließ
das II. Kreuzergeschwader auslaufen, um eine Ab-
fang- und Suchposition 80 Seemeilen westlich von
Stavanger zu erreichen.

Allerdings wurde Admiral Forbes von diesen
Maßnahmen nicht in Kenntnis gesetzt und so gab er
der Home Fleet erst um 5.27 Uhr den Befehl zum
Dampf aufmachen.

In der Nacht vom 7. zum 8. April 1940 standen die
deutschen Verbände, welche für das Nordlandun-
ternehmen vorgesehen waren, auf ihren Positionen.
Zusammen mit den beiden anderen Wehrmachtstei-
len trafen sie letzte Vorbereitungen, um das größte
triphibische Unternehmen der damaligen Zeit zu
starten.

*

Der Matrose Emil Asmuss läuft noch etwas unko-
ordiniert die Gänge seines Bootes entlang. Er wurde
vor zwei Tagen auf den Zerstörer *Hermann Künne*
versetzt. Noch ist alles vollkommen neu für ihn. Alles wirkt ganz anders als auf der Marineschule. Die
ganze Besatzung ist ein eingespieltes, gut funktio-
nierendes Uhrwerk. Er jedoch kommt sich noch fehl
am Platz vor. Krampfhaft versucht er, nichts ver-
kehrt zu machen und eckt genau deshalb immer
wieder bei den älteren Seemännern an.

„Ran an die Tampen!", schreit der Oberbootsmann
Hein Paulsen seinen Männern zu.

Der Zerstörer wird klar zum Auslaufen gemacht
und der Matrose Asmuss läuft zu seinem ersten
richtigen Einsatz aus. Er kann seine Aufregung

kaum verbergen. Der Wind frischt auf und es steigt ihm der salzige Duft der See in die Nase.

Die Tampen werden eingeholt und langsam dreht sich der schlanke Rumpf des Zerstörers von seinem Kai. Die offene See erwartet ihn und zusammen mit mehreren anderen Zerstörern und gedeckt von den beiden deutschen Schlachtschiffen *Scharnhorst* und *Gneisenau* streben sie ihrem Ziel Narvik entgegen. Doch bis da hin ist es noch ein langer Weg. Asmuss fiebert seiner Feuerprobe entgegen. Er will endlich beweisen, dass er ein echter Seemann ist.

Die Vibrationen der 70.000 PS starken Wagner-Turbinen lassen das Schiff erzittern. Asmuss bekommt es nur unbewusst mit.

„Ja keinen Fehler machen. Du hast das alles während deiner Ausbildung schon einmal gemacht!", geht es dem jungen Matrosen durch den Kopf.

Nach einer Fahrt, die ihm schon jetzt wie eine kleine Ewigkeit vorkommt, erreichen sie begleitet von einem Vorpostenboot den Treffpunkt mit den anderen Einheiten der Kriegsschiffgruppe I.

Ab jetzt geht es in Kriegsmarschordnung nach Norwegen.

*

Im Rahmen der Operation *Weserübung* kam es dann auch zum Höhepunkt der sogenannten Torpedokrise der deutschen U-Bootswaffe, welche sich bereits kurz nach Kriegsbeginn äußerte und dann später fatale Folgen haben sollte. Zum Beispiel schoss U-39 bereits am 13. September 1939 aus nur circa 800 Metern zwei Torpedos auf den britischen Flugzeugträger *Ark Royal* ab. Beide detonierten vorzeitig und die *Ark Royal* konnte später eine Schlüsselrolle bei der Vernichtung des deutschen Schlachtschiffes *Bismarck* spielen.

Im Norwegen-Unternehmen multiplizierten sich die Probleme und immer mehr Torpedos versagten.

Nachträglich kann mit Bestimmtheit gesagt werden, dass es im Rahmen von *Weserübung* bei funktionierenden Torpedos Treffer auf mindestens einem Schlachtschiff, sieben Kreuzern, sieben Zerstörern und mehreren Transportschiffen gegeben hätte.

Trotz der immensen Massierung von gegnerischen Schiffen und günstigsten Schusspositionen, konnten in den norwegischen Gewässern mit einer Ausnahme keine wirkungsvollen Torpedotreffer erzielt werden.

*

Durch das Rauschen der See erklingt der Ruf des Stabssignalmeisters des Führerzerstörers *Wilhelm Heidkamp*: „Signal von *Gneisenau*! Kriegsmarschzustand zwo. Dampf auf für 25 Knoten."

Man schreibt Sonntag, den 7. April 1940. Die Uhr zeigt 3.11 Uhr. Schon 46 Minuten später blinkt erneut ein Signal vom Schlachtschiff herüber.

„Einsatz Bordflugzeug heute nicht beabsichtigt, bleibt betankt."

Kapitän zur See und Kommodore Friedrich Bonte, seines Zeichens Führer der Zerstörer, nickt dem Kommandanten der *Wilhelm Heidkamp* zu.

„Wir haben recht ruhiges Wetter, also bekommen wir wohl unsere planmäßige Luftsicherung. Der Verband ist auf dem Marsch nach Norden. Das Unternehmen *Weserübung* ist angelaufen."

Der Grund für dieses riskante Unternehmen, welches durchaus die beinahe vollständige Vernichtung der Überwasserstreitkräfte der Kriegsmarine zur Folge haben kann, ist die Sicherung der Erztransporte von Narvik aus.

Dieser Hafen, hoch im Norden liegend, ist das Ziel der Gruppe I und deren zehn Zerstörer, welche Landungstruppen an Bord haben.

Den Schutz dieser Zerstörer stellen die beiden kampfkräftigsten Einheiten der Kriegsmarine, die Schlachtschiffe *Scharnhorst* und *Gneisenau*.

Die Gruppe II, welche die Besetzung Drontheims als Ziel hat und aus einem schweren Kreuzer und vier Zerstörern besteht, begleitet die Gruppe I.

Die beiden Gruppen befinden sich seit 3.11 Uhr auf dem Weg nach Norden. Kriegsmarsch ist befohlen. Es ist ein schöner Morgen. Die Sicht ist gut und das Wetter klar.

In breiter Dwarslinie laufen die großen Einheiten dem Ziel entgegen.

Scharnhorst läuft an Backbord, *Gneisenau* mittig und *Admiral Hipper* an Steuerbord. Zehn Zerstörer laufen, zu einem Schirm auseinander gezogen als Sicherung und U-Boot-Abwehr voraus.

Auf der Brücke der *Wilhelm Heidkamp* herrscht dichtes Gedränge. Eng beieinander stehen der Kommodore, der Kommandant, der Wachoffizier und das Brückenpersonal sowie mitten drin der Kommandeur der 3. Gebirgsdivision, Generalleutnant Eduard Dietl mitsamt Stab.

Normalerweise ist die Brücke fast schon so etwas wie ein geheiligter Ort, doch für die Heeresoffiziere wurde diesmal eine Ausnahme gemacht und diese begrüßen es, dass sie die bevorstehende lange Fahrt nutzen können, um einige Einblicke in das in Art und Wesen für sie völlig fremde Element der Kriegsmarine zu bekommen. Der Divisionskommandeur der Gebirgsjäger, von seinen Männern verehrt, beobachtet mit seinen wachen, stahlblauen

Augen das ganze Geschehen auf der Brücke. In seiner Hand hält er die aktuelle Wetterkarte. Sein Blick wandert zur Karte und danach zum FdZ, Kommodore Friedrich Bonte.

Dieser, groß und breit in seiner Gestalt und in einem blauen Wachmantel gekleidet, lächelt leicht und meint: „Das schöne Sonntagswetter wird nicht mehr lange anhalten, Herr General. Viel zu gut, gefällt uns gar nicht."

„Wie moanen S' das?", fragt der Gebirgsjägerführer mit seinem unverkennbaren oberbayrischen Dialekt.

„Es ist leider viel zu gute Sicht für die feindlichen Aufklärer", erklärt Bonte. „Darf ich mal die Karte sehen? Ich hatte bisher noch keine Zeit dazu gehabt", fragt der FdZ und Dietl reicht ihm die Karte.

„Aha, da steht es ja. Umfangreich, umständlich, doch kurz gesagt, ein großes Tiefdruckgebiet ist im Anmarsch", meint er und gibt diese Information an den Kommandanten weiter. „Vorhersage für die nächsten 24 Stunden. In der nordöstlichen Nordsee, Wind Süd bis Südwest. Im Süden drei bis fünf, sonst sieben bis neun. Morgen West bis Nordwest, heiter bis wolkig. Aus westlicher Richtung zunehmend bewölkt. Regen, später Schauer, mäßige Sicht. Temperaturen 5 Grad, Seegang 3 bis 4."

„Also wenn wir heute Nacht die Enge passieren, haben wir Neumond plus Wolkendecke und allerhand Seegang. Kann uns nur recht sein", sagt dieser.

„Welche Enge moanen S' alsdann?", fragt Dietl.

„Enge Shetland-Bergen. Das ist die gefährlichste Stelle. Dort können sie uns am ehesten erwischen und Scapa Flow, der Hauptliegeplatz der Home Fleet ist nicht sehr weit von dort weg. Wenn sie wollen, Herr General, zeige ich es Ihnen anhand der großen Übersichtskarte", meint der FdZ.

Zur Erleichterung des Brückenpersonals des Zerstörers verschwinden die Feldgrauen mitsamt des Stabes im Kartenhaus. Vor der Kimm des Verbandes taucht nun Helgoland als rosaroter Felsblock in der grünlich-grauen See auf.

Auf allen Zerstörern mit ihrer gut 315 Mann starken Besatzung herrscht eine bedrückende Enge. Niemand der Marinesoldaten hatte geahnt, was die Gebirgsjäger alles an Bord schleppten. Unter den Waffen und Gerätschaften waren Gebirgsgeschütze, Panzerabwehrkanonen, Flammenwerfer, Motorräder mit und ohne Beiwagen, Fahrräder, Maschinengewehre, Proviant- und Munitionskisten.

Die Seeleute trugen beim Einschiffen Munition und Sprengmittel in die Munitionskammern der Zerstörer, Brennstoff, Waffen und Geräte wurden an Deck verstaut und mit Laschings und Leinen festgezurrt.

Als der Morgen aufkommt, färbt sich der Himmel rosa.

Aus den Bordlautsprechern ertönt die Stimme des Befehlsübermittlers: „Von WO an alle Angehörigen des Heeres. Bei in Sicht kommen von feindlichen Flugzeugen alle Feldgrauen unverzüglich unter Deck. Vorsicht mit den Bergschuhen bei den Niedergängen und Treppen. Brecht euch nicht das Genick. – Ende."

Überall auf den Scheinwerferständen, den Aufbauten, bei den Geschützen und den Torpedoausstoßrohren stehen die Feldgrauen und Kriegsfreiwachen und warten ungeduldig darauf zu erfahren, wo es denn nun hingeht.

Spekulationen machen die Runde.

Ein Geschützführer der vorderen 12,7 cm meint: „Vollgestopft bis zur Halskrause mit Brennstoff, also langer Anmarsch. Keine Übungsfahrt, sonst hätten wir keine Post- und Urlaubssperre gehabt. Das wird bestimmt eine große Unternehmung."

„Wir besetzen Island", vermutet ein Feuerwerksmaat. „Dort gibt es Fjorde und hohe Berge. Das sind prima Stützpunkte, um an die britischen Geleitzüge heranzukommen. Die paar Tommies, die da sind, schmeißen die Jäger schon raus."

„Und Nachschub? Wie soll der an Scapa vorbei?", fragt ein anderer.

„Da muss die Luftwaffe halt vorher richtig reinhauen!", verteidigt sich der Maat.

„Scapa Flow ist ne Hausnummer. Das ist der Hauptstützpunkt der Home Fleet. Den kannst nicht einfach mal eben zusammenhauen", wendet der andere wieder ein.

„Trotzdem, ich bleib bei Island. Irgendein Gebirge muss es ja sein", beharrt der Maat.

„Recht hast, a Gebirg muss halt scho sein", bestätigt ein Gefreiter der Gebirgsjäger.

Plötzlich schrillt ein Pfiff durch die Lautsprecheranlage des Schiffs. Alle Gespräche verstummen. Dann gibt der Kommandant die Aufgabe und das Ziel der Gruppe I bekannt.

„Narvik, 1.200 Seemeilen Marsch", sagt er unter anderem.

Der Funkmaat, der die fragenden Blicke der umstehenden Jäger bemerkt, ergänzt: „Rund 2.000 Kilometer."

Aufgeregtes Durcheinandergerede folgt der Bekanntmachung. Viele der Feldgrauen lassen sich anhand von in den Mannschaftswohnräumen und Messen liegenden und hängenden Karten zeigen, wo dieses Narvik überhaupt liegt.

Gegen 7 Uhr in der Früh kommen einige Flugzeuge in Sicht. Sie schießen Erkennungssignale und werden schnell als Me 109 und He 111 identifiziert. Diese sollen für einige Zeit die Luftsicherung übernehmen.

Die Vormittagsstunden des ersten Tages verlaufen ohne besondere Ereignisse.

Plötzlich steigt von der Rah der vor *Wilhelm Heidkamp* laufenden und urplötzlich hart Steuerbord abdrehenden *Hans Lüdemann* ein buntes Minenwarnsignal.

„Vor *HL* voraus treibende Minen!", meldet der Stabssignalmaat der Wache.

„Hart Steuerbord!", ruft der WO und der Fdz-Zerstörer krängt hart nach Backbord über und folgt seinem Vordermann.

Die auf der Brücke anwesenden Heeresoffiziere sehen sich betroffen an.

Minen? Na, so gefahrlos scheint das ganze, trotz ruhiger See, Sonne und klarem Wetter doch nicht zu sein, wie die Seeoffiziere es ihnen erzählt haben. Schweigend beobachten sie, wie nach und nach von allen Schiffen das gleiche Signal gehisst wird.

Die hinter ihnen laufende *Bernd von Arnim* und auch die zu ihrer Sicherung mitlaufende *Gneisenau* machen das Manöver mit.

An Deck klammern sich derweil die Heeressoldaten beim harten Überlegen an Aufbauten, Relingsketten oder ihren Gerätschaften fest.

„Sehen Sie, Herr General?", bemerkt Kommodore Bonte. „Fast die ganze Mahalla dreht ab, *Paul Jacobi*, *Admiral Hipper*, *Friedrich Eckoldt*. Aha, *Jacobi* und *von Arnim* schießen die Minen jetzt ab!"

Während die restlichen Schiffe wieder auf den alten Kurs drehen, beschießen die zwei Zerstörer die Minen mit ihren 3,7 cm und 2 cm Flak und bringen mehrere mit gewaltigen Detonationen und riesigen Wassersäulen zur Explosion.

Um 11.40 Uhr wird dem FdZ ein abgehörter und entschlüsselter Funkspruch gebracht.

Bonte liest ihn und wendet sich an Dietl.

„Nun, es scheint, wir sind entdeckt, Herr General. Das Marinegruppenkommando West, Generaladmiral Saalwächter, Befehlshaber Nordsee einschließlich der norwegischen Gewässer funkte dem Flottenchef. Unsere Zerstörer hören alles mit ab. Wir können nur die verschlüsselten feindlichen FTs nicht entziffern. Ein feindlicher Aufklärer meldete Anzahl und Schiffstypen, beides allerdings unrichtig, aber Kurs und Standort stimmen. Kein Schwanz im ganzen Verband hat den Vogel ausgemacht! Jetzt werden wir bald die verdammten Bomber aufm Hals haben!“

„Dös hab i mir denkt“, grinst der Jägergeneral und schnippt die Asche seiner Zigarette in den großen Außenbordaschenbecher.

„Es frischt merklich auf und der Himmel wird sich wohl auch bald beziehen. Vielleicht finden sie uns ja gar nicht, Herr Kommodore“, bemerkt der Kommandant.

Der Kommandant hat recht.

Gegen Mittag verdecken hochziehende Wolken die Sonne. Es brist auf und der Seegang nimmt zu.

Die ersten unglücklichen Feldgrauen werden seekrank und hängen mit bleichen und aschfahlen Gesichtern über der Reling oder liegen sterbenselend in den schmalen Gängen unter Deck. Dabei werden Verwünschungen gegen die See, die grinsenden Seeleute, die Marine und die schlingernden Zerstörer ausgesprochen.

Der Wachoffizier lässt durchsagen: „Gut auf feindliche Flugzeuge achten und alle Gebirgstruppen unter Deck."

Die Gruppe I steht auf der Höhe des Skagerraks, südwestlich Kao Lindesnaes mit nordwestlichem Kurs, als der Asto des FdZ sich nach einem Blick auf seine Uhr an die Offiziere des Divisionsstabes der Gebirgstruppen wendet.

„Wir tun, was wir können, meine Herren. Ihnen wird alles geboten. Vor ein paar Minuten hörten wir die Meldung eines eigenen Flugzeuges ab, welches in unmittelbarer Nähe unseres geplanten Kurses ein aufgetauchtes englisches Unterseeboot sichtete und mit Bomben belegte."

„Wie bitte? Ein englisches U-Boot?", fragt ein Major der Gebirgler.

„Jawohl, mit denen klären die Vettern ständig zwischen Helgoland bis Skagen auf", erklärt der Marineoffizier weiter.

„Mein Himmel. Minen, Flieger, Unterseeboote. Ein ganz schönes Programm", staunt der Heeresmajor.

„Naja, schließlich ist Krieg, nicht wahr?", meint der Asto nun trocken.

Bis 14.30 Uhr bleibt alles friedlich.

Dann reißt das Signal und der Ruf „Fliegeralarm! Flugzeuge von Steuerbord!" alles hoch.

„Bristol Blenheim, zwo, sechs, neun, zwölf. Ein ganzer Haufen. Frage Höhe?", meint der FdZ.

„2.500, Herr Kommodore", meldet der E-Messer.

Alarmklingeln gellen ihr kurz-kurz-lang-kurz, den Morsebuchstaben F für Fliegeralarm.

Scharnhorst, Gneisenau und *Admiral Hipper* eröffnen aus ihren 10,5 cm Flak das Feuer. Kurz danach erhalten auch die Zerstörer Feuererlaubnis. Bei den

14 Schiffen flammen orangerote Mündungsfeuer aus allen Rohren, Sprenggranaten rasen den Flugzeugen entgegen, Maschinenwaffen rattern, Flak bellt. Dutzende Sprengpunkte und schwarze Detonationswolken übersähen den Himmel. Die Bomber stieben auseinander, nur einer hält Kurs und wirft seine Bomben gezielt auf die schweren Einheiten ab. Die restlichen Maschinen werfen ihre Last ungezielt oder im Notwurf ab. Die erste Serie klatscht an der Steuerbordseite der *Paul Jacobi* ins Wasser. Drei weitere Aufschlagsäulen steigen querab von *Hipper* und *Friedrich Eckoldt* hoch.

Das ganze Spektakel ist schnell vorbei, doch hat das rasende Abwehrfeuer leider keine Abschüsse erzielt.

„Fliegeralarm!", erklingt es plötzlich durch die Lautsprecher im Inneren und an Deck des Zerstörers.

Alle Männer, die Kriegsfreiwache hatten, rennen nun zu ihren Alarmposten.

Der Matrose Emil Asmuss rennt auf seinen Posten. Er ist Mitglied einer 3,7 cm Flak Bedienung und dort für die Zufuhr der Munition zuständig. So schnell es geht, muss er neue Ladestreifen in die Waffe einführen. Er bekommt den Munitionsrahmen zugereicht, übernimmt ihn und steckt ihn in die linke Seite der Waffe. Rechts werden die leeren Hülsen wieder hinausgeschleudert.

Nun übernimmt er den ersten Rahmen, führt ihn ein und verriegelt den Verschluss.

„Fertig!", ruft er dem Geschützführer zu.

Die Ziele werden durchgegeben und die Waffe dreht sich auf die noch kleinen dunklen Punkte zu, die jedoch immer größer werden und langsam die Silhouetten von zweimotorigen Flugzeugen anneh-

men. Die Männer warten gespannt auf die Feuererlaubnis, doch diese lässt auf sich warten.

Da beginnen auf einmal die schweren Geschütze
und Flak der Dickschiffe zu feuern. Die mächtigen
Schiffe werden zu feuerspeienden Vulkanen und
sind bald in Rauch gehüllt.

„Feuer frei!", brüllt nun der Geschützführer und
der Richtschütze beginnt zu feuern.

Mit tack, tack, tack erwacht nun das Geschütz zum
Leben und schickt seinen tödlichen Gruß zum Gegner. Das Doppelrohr der Flugabwehrkanone
schwenkt immer dem Gegner hinterher. Schwarze
Sprengwolken zeugen von der guten Treffergenau-
igkeit der Geschütze.

Schweiß strömt Emil Asmuss über den Rücken.
Immer wieder wuchtet er die Munition in das Geschütz. Von Minute zu Minute wird es schwerer,
doch das Adrenalin in seinen Adern lässt ihn immer
weiter funktionieren. Den nächsten Ladestreifen pa-
cken, in die Munitionszufuhr stecken, den Verschluss sichern und weiter. Er funktioniert wie eine
Maschine, ein Rädchen im großen Getriebe der Flak-
mannschaft.

Nach einigen Minuten ist alles wieder vorbei. Die
Flak konnte zwar keinen Gegner abschießen, doch
haben sie die britischen Flugzeuge abgedrängt und
zum ungezielten Wurf veranlasst.

Die 3,7 cm Kanone schweigt. Das glühende Rohr
kann sich endlich abkühlen und die Bedienmann-
schaft kann durchatmen.

„Na, Emil, alles klar bei dir?", fragt Maat Michael
Christensen, der Geschützführer von Asmuss' Geschütz.

Er wurde erst kurz vor Auslaufen des Zerstörers in
diesen Rang befördert und geht ganz in seiner neu-
en Rolle auf. Er weiß genau, wie er seine Männer

handhaben muss und wie er sie zu Höchstleistungen anspornen kann, auch wenn die Geschützmannschaft noch nicht lange zusammen ist.

Emil Asmuss wischt sich mit dem rechten Uniformärmel den Schweiß vom Gesicht und schaut seinen Geschützführer an.

„Jawohl, Herr Maat. Alles in Ordnung."

An seine Männer gerichtet, meint Christensen: „Sehr gut gemacht, Männer. Ich bin sehr zufrieden. Und nun Geschütz reinigen und wieder klar machen."

Nachdem der Munitionsvorrat ebenfalls ergänzt wurde, geht der wachfreie Teil der Bedienung wieder unter Deck, unterhält sich mit den eingeschifften Heeressoldaten oder beschäftigt sich anderweitig.

Der kurz danach von *Gneisenau* abgehörte und entschlüsselte Funkspruch des Verbandsführers der Bomber meldete ebenso keine Verluste.

Um 16.30 Uhr lässt der Flottenchef die Schlachtschiffe und die *Admiral Hipper* aus ihrer Dwarslinie in die Kiellinie einscheren und die Zerstörer vor, hinter und seitlich der Kampfgruppe U-Boot-Sicherung einnehmen. Die Sicht wird zunehmend schlechter und die See unruhiger. Die wenigen Jäger aus der Steiermark, Tirol, Kärnten und Vorarlberg, die nicht von der Seekrankheit befallen sind, helfen beim Ausguck.

Eine Stunde später gibt das Marinegruppenkommando West dem Flottenchef eine Funkaufklärungsmeldung, die Bonte dem Kommandeur mitteilt.

„Zwo englische Kreuzer, *Arethusa*, *Galathea* und mehrere Zerstörer sind seit 11.25 Uhr heute Vormittag auf uns angesetzt. Noch keine größeren Flottenbewegungen des Engländers im Gange. Der Funkspruch wurde 17.35 Uhr abgehört. Das Wetter verschlechtert sich, doch umso besser kommen wir dann durch die Enge, falls dem B-Dienst nichts entgangen ist."

„Scho guat, bringen S' mi nur hin. Dös andere mach i nacha scho!", meint Dietl.

Der Kommodore, der sonst immer ernste Kommandant, WO, Stabsobersteuermann, Seeposten und Ausgucks lächeln. Eben diesen Satz haben sie heute auf der Brücke bereits öfter gehört.

Bevor völlige Dunkelheit den Verband umhüllt, weht von *Gneisenau* ein Flaggensignal und wird von allen Einheiten wiederholt.

„Befehl von Flotte, Nachtmarschformation", ruft der Stabssignalmeister, um gleich darauf ein „Niederrr! Ausführung!" anzuschließen.

Die Zerstörer scheren aus ihren Sicherungspositionen aus und formieren sich hinter der Kiellinie der drei Dickschiffe. Die See wird immer grober und die Zerstörer müssen schwer gegen die See ankämpfen. Sie verlieren an Fahrt und können nur mühsam am Ruder gehalten werden. In der Finsternis der Neumondnacht verlieren die ersten beiden Schiffe die Fühlung mit der vor ihnen laufenden *Admiral Hipper* und sacken achteraus.

Bei der urgewaltigen See sind die Zerstörer immer schwerer auf Kurs zu halten.

Plötzlich läuft der Spitzenzerstörer der Backbordkiellinien, die *Hans Lüdemann* um 90 Grad aus dem Ruder und bricht unmittelbar hinter dem Heck eines in der Steuerbordkolonne laufenden Bootes durch.

Aus genau demselben Grund rammt nur wenige Minuten später *Wilhelm Heidkamp* um ein Haar die *Anton Schmitt*. Nur die hervorragende Fahrkunst

der Kommandanten und Wachoffiziere verhindert
Zusammenstöße und Katastrophen.

Die Boote rollen so stark in der See, dass sogar die
hochliegenden Flak-Stände überspült und ihre Bedienungen gegen die Aufbauten geschleudert werden. Die überkommenden Brecher reißen BMW-Bei-
wagenmaschinen, Gerätekästen und Brennstoffkanister der Gebirgsjäger über Bord. Auf allen Schiffen, mit Ausnahme des Führerzerstörers werden in
dieser Sturmnacht Menschen, meist Feldgraue über
Bord geschwemmt. An Rettungsversuche ist nicht
zu denken. Es gibt viele Verletzte mit Bein- und
Knöchelbrüchen, Schlüsselbeinfrakturen, Armbrü-
chen und Blutergüssen. Sie werden von den Ärzten
und dem Sanitätspersonal versorgt und in die wenigen vorhandenen Kojen der Kammern gelegt.

Der Seegang ist schlimmer als alles, was die Zer-
störerbesatzungen je auf ihren Nordseefahrten er-
lebt haben. Selbst ein Teil der Matrosen wird nun
seekrank.

Die Boote krängen bis zu 50 Grad und jede Bewegung an Oberdeck wird lebensgefährlich. Um etwa
21 bis 22 Uhr laufen die beiden Schlachtschiffe zusammen mit den Gruppen I und II bei völliger Finsternis und ohne Feindkontakt durch die Shetland-
Bergen-Enge. Um 23 Uhr bittet der Kommandant
des Führerzerstörers *Hans Lüdemann* den FdZ, Kommodore Friedrich Bonte ins Kartenhaus.

„Die Lagebeurteilung des Gruppenkommandos
an die Flotte von 22.37 Uhr, Herr Kommodore. Gegner hat nach Norden gerichtetes deutsches Unternehmen erkannt, aber nur leichte Streitkräfte zur
Abwehr eingesetzt. Von einer Großaktion ist nichts
beobachtet worden", gibt der Kommandant des
Zerstörers bekannt.

„Mensch, wenn das mal stimmt, Erdmenger. Gut, wenn Saalwächter und sein Stab die Lage beim Engländer so beurteilen, wird es wohl stimmen. Ich gehe wieder auf die Brücke. Es ist tolles Wetter heute!", meint Bonte.

Die Kartentür wird ihm vom Sturm fast aus der Hand gerissen. Draußen steht bereits Generalleutnant Dietl. Er gesellt sich zu ihm. Der Kommodore gibt dem General den Inhalt des Funkspruches bekannt. Dietl nickt und schweigt.

Kurz vor 24 Uhr wird wieder ein Funkspruch abgehört und heraufgebracht, den der FdZ mit schon klammen Fingern in die Manteltasche steckt. Eine Kopfbewegung in Richtung des Divisionskommandeurs und beide verlassen die Nock. Sie gehen sich festklammernd in Richtung Kartenhaus. Am Kartentisch Halt suchend, zieht Bonte das durchnässte Dokument aus der Manteltasche, glättet es und liest die Meldung des Gruppenkommandeurs West an den Flottenchef.

„Sie funken, dass seit 17 Uhr das englische Funkbild ungewöhnlich unruhig ist. Dringende Funksprüche der Londoner Admiralität an den Commander in Chief, Schlachtkreuzer, Kreuzergeschwader und Unterseeboote wurden abgehört."

„Erdmenger", wendet Bonte sich an den gerade eintretenden Kommandanten, „war da nicht eine Meldung von einem unserer U- Boote?"

„Jawohl, Herr Kommodore. Es meldet, dass ein englischer schwerer Kreuzer und zwei Zerstörer mit hoher Fahrt und nordöstlichem Kurs aus dem Pentland-Firth ausgelaufen seien. Uhrzeit wurde nicht mit angegeben", antwortet dieser.

„Hm, vielleicht denken sie drüben wirklich, wir wollen in den Atlantik durchstoßen. Nach der Aufklärermeldung, welche wir abhörten, könnte das sein."

„Entfernung nach Scapa Flow?", erkundigt sich Generalleutnant Dietl. „Wie viel san s' denn da heroben überhaupt?"

Der Stabsobersteuermann trägt die Position der Gruppe I mit einem Bleistift auf der Karte ein, misst ab und gibt die Entfernung an den General weiter.

„Ich verstehe das Verhalten der Briten nicht. Die komplette Home Fleet müsste doch nach der ersten Fliegermeldung ausgelaufen sein", meint Bonte nachdenklich.

Er sagt Dietl, womit man es nach den letzten Feindnachrichten vor dem Auslaufen zu tun hat, welche Einheiten des Feindes sich im Bereich Nordsee und Nordmeer befinden. Der Gebirgsjägergeneral hört sich alles genau an. Sein freundliches, kluges Gesicht verzieht sich zu einem Lächeln.

„Is mir Wurscht, wie viel s' san. Bringen S' mi bloß hin."

„Bestimmt, Herr General. Das habe ich ja schon einmal gesagt. Wenn sich die Vettern drüben tatsächlich erst seit 5 Uhr gerührt haben, werden sie uns nicht mehr erwischen", versichert der Kommodore.

Er wundert sich, dass Dietl von seinen Stabsoffizieren und den rund 200 Gebirgsjägern an Bord des Zerstörers einer der wenigen ist, die völlig seefest bleiben.

Niemand merkt dem Generalleutnant die Anstrengung an, die der schwere Seegang, die Bewegung des Zerstörers, der Regen, die Nässe, das Schneegestöber und die Kälte dem drahtigen, stahlharten, doch trotz allem seeungewohntem Gebirgsjägergeneral abverlangen und wie das alles auch an Eduard Dietls Körper und Geist zehrt.

Auf der *Diether von Roeder*, der taktischen Nummer 10 des Verbandes, starrt man in die Dunkelheit. Sie wird lediglich durch die weiß schäumenden Brecher und das ungewöhnlich stark phosphoreszierende Wasser erhellt.

In den Wogen ist Vorder- und Nebenmann meist nur schemenhaft zu erkennen. Manchmal scheren die Boote der Steuerbordseite trotz 1.000 Meter Seitenabstand bedrohlich nahe heran. Die Boote werden zeitweise wild herumgeschleudert. Wenn ein Zerstörer in ein Wellental hinabsteigt und wieder zu steigen beginnt, wird das Heck oftmals, wie von einem Vorschlaghammer getroffen, herumgerissen.

Ruckartig und zitternd wie ein Vollblut schütteln sich die Schiffe. Sie bohren die Nasen in das Wasser und richten sich langsam wieder auf.

Stunde um Stunde vergehen so. Die Kommandanten wundern sich, wie die Zerstörer das alles aushalten.

Die *Diether von Roeder* ist ein wenig schneller als die übrigen Zerstörer unterwegs. Sie ist zwar das letzte Boot der Backbordreihe, doch sind die Rammpositionen, welche dauernd vom schweren Seegang heraufbeschworen werden, auf Dauer zu gefährlich. Nach Backbord hin ist die See frei.

Der Kommandant, Korvettenkapitän Erich Holtorf stößt seinem WO freundschaftlich in die Rippen. „Wollen ein paar Grad nach Backbord abhalten. Morgen früh, wenn die Sicht besser wird, werden wir den Verband ja wieder ausmachen und einholen. Klar?", brüllt er ihm gegen den Sturm in die Ohren.

Der Wachoffizier hebt die Rechte und gibt dem Rudergänger die entsprechenden Befehle. Die Ausgucks und Brückenposten haben den Sinn des Manövers sofort begriffen und grinsen.

Die Sorge zu rammen oder gerammt zu werden, ist der Kommandant nun erst einmal los, doch scheint diese Nacht wie verhext. Es passieren Dinge, die sonst nie passieren.

Beim Überholen strahlen plötzlich hell, frech und verräterisch die drei weißen Lichter des Nachtsignalapparats am Vormars auf.

Wütend dreht Holtorf sich um.

„Verdammte Sauerei! Was ist da los? Ihr seid wohl wahnsinnig geworden? Sofort ausschalten!"

Der Zerstörer schwingt zurück und ebenso geisterhaft wie die *drei Weißen* aufblitzten, erlöschen sie auch wieder.

„Das fehlte uns gerade noch, hier wie ein Weihnachtsbaum herumzuschippern und die Engländer anzulocken, meine Herren!"

Weiter pflügt das Boot durch die See. Wasser flutet über die Decks, das Schiff wälzt sich langsam auf die andere Seite und schon leuchten die drei Lampen wieder.

Der sonst so vergnügte und gut gelaunte Kommandant schäumt vor Wut.

„Verdammt noch mal. Macht endlich euren verfluchten Zauberladen dicht! So ein Mist hier!"

Irgendjemand reißt kurz entschlossen ein Kabel heraus.

Eine Weile herrscht Ruhe.

Beruhigt will Holtorf ins Kartenhaus gehen, als er von einem grellen Schrei gestoppt wird. Fassungslos starrt er auf die in Flammen stehende Back. Grellgelbes Feuer flackert, zuckt lodernd hoch und verlöscht wieder. Er sieht den neben ihm stehenden ersten Offizier an.

„Kapieren Sie das?"

„Nein, Herr Kapitän. Elmsfeuer sieht anders aus. Brennendes Öl? Ist aber eigentlich unmöglich. Die Brennstoffkanister der Jäger sind alle Mittschiffs", gibt der I. O zurück.

„Merkwürdig. Himmel, da ist es schon wieder."

Wieder steht die Back förmlich in Flammen. Der Wellenbrecher ist strahlend hell erleuchtet.

Plötzlich schwindet die unheimliche Erscheinung und kehrt nicht wieder zurück. Niemand kann sie erklären, obwohl Brücke und Signaldeck, Kommandant, Offiziere, Unteroffiziere und Mannschaften sie einwandfrei zweimal beobachtet haben.

Auch auf der achtern laufenden *Erich Koellner* fürchtet der Kommandant ebenso wie auf den anderen Zerstörern durch Finsternis und das abgeblendete Fahren den Anschluss zu verlieren. Vor ihm läuft *Hermann Künne,* mit der vorsichtshalber UK aufgenommen wird. Nach einiger Zeit bleibt sie trotz allem Suchen mit Nachtgläsern verschwunden.

„*Hermann Künne* außer Sicht gekommen!", meldet ein Signalgast.

„Könnt ihr von da oben auch das Kielwasser nicht mehr ausmachen?", ruft der Kommandant zur Signalbrücke rauf.

„Nein, Herr Kapitän", ruft dieser zurück.

Fregattenkapitän Alfred Schulze-Hinrichs winkt dem UK-Posten.

„An HK; K (Kommandant) an K; erbitte Kielwasserlaterne. Los, Mensch, sofort abgeben, ehe wir noch weiter nach hinten absacken!"

Sie warten. Endlich, nach einigen Minuten sieht der Kommandant voraus in ziemlicher Entfernung einen schwachen Schein auf dem Wasser.

„WO, sehen Sie die Kielwasserlaterne?", fragt Schulze-Hinrichs.

„Jawohl, Herr Kapitän", antwortet der Angesprochene.

„Also los. Aufdampfen!", gibt dieser zurück.

Der WO gibt den Befehl für Fahrtvermehrung.

Der Posten-Maschinentelegraf reißt den Hebel herum, der Zerstörer nimmt höhere Fahrt auf. Der Vordermann kommt wieder in Sicht, als von achtern her Rauchwolken das ganze Schiff einhüllen. Der achterliche Sturm treibt den Qualm nach vorn und nimmt jede Sicht.

Der Haupt-BÜ meldet vom Maschinenleitstand: „Von Maschine an Kommandant: Rohrreißer in Steuerbord 3 Kessel!"

Auf allen Zerstörern treten während des Vormarsches die verschiedensten Schäden auf. Das Maschinenpersonal, das schweißüberströmt auf ölgetränkten Flurplatten hin- und hergeschleudert wird und bei diesem Seegang keinen Halt findet, beißt die Zähne zusammen und arbeitet mit höchster Energie, um die Störungen zu beseitigen. Da dringt durch einen der Luftschächte Seewasser eines Brechers in den achteren Maschinenraum. Kurzschluss in einem der drei elektrischen Kraftwerke ist die Folge. Dementsprechend sinkt die Gesamtleistung um ein Drittel. Auch die Maschinentelegrafen, die gesamte elektronische Ruderanlage und das Kommandoelement fallen in Folge von Kurzschlüssen durch Feuchtigkeit aus.

„Boot steuert nicht mehr!", schreit der Rudergänger.

„Läuferkette!", ruft der WO.

Bis die Kette bei den dauernd über Deck schlagenden Wellen hergestellt werden kann, schlägt und schlingert der Zerstörer quer zur See. Schließlich ist

das behelfsmäßige Steuern mit den Schrauben aufgenommen und die Reparaturen können beginnen.
Selbst Lenzpumpen und Umformer für Fernsprechanlagen versagen durch Kurzschlüsse. Sämtliche
Maschinenräume leiden unter starkem Wassereinbruch und das Maschinenpersonal muss wahre
Massen von eiskaltem Seewasser ertragen.

*

Es ist bezeichnend, dass beide deutschen Zerstörertypen 1934 wie zum Beispiel *Friedrich Eckoldt* und
1936 wie *Wilhelm Heidkamp* und die meisten Unterarten später von Fregattenkapitän Erich Bey, dem
Nachfolger von Kommodore Friedrich Bonte als
Führer der Zerstörer, als nicht ausreichend seetüchtig und manövrierfähig beurteilt wurden. Die Aufbauten und der Schornstein waren zu hoch ausgelegt, woraus ein zu hohes Toppgewicht resultierte.
Außerdem war der verwendete Druck bei den Antriebssystemen zu hoch und sorgte ständig für Probleme. Der Bunkerinhalt war zu gering für längere
Marschfahrten unter Kriegsbedingungen und darüber hinaus konnte nicht der gesamte Bunkerinhalt
aufgebraucht werden, da dies wiederum die Stabilität in Frage stellte.

Der Zerstörer 1936 war eine verbesserte Version
der Klasse 1934. Die Zerstörer Z 17 bis Z 22 gehörten
der Klasse 1936 an. Der Rest gehörte zur Klasse
1936 A und zur nur sehr geringfügig veränderten
Mobilmachungsklasse 1936 A (mob).
Die Hauptveränderungen der Klasse 1936 A zur
Klasse 1936 waren eine breitere Bauart und die Erhöhung der Tonnage auf 3.753 Tonnen. Der Bunkerinhalt wurde auf 820 Tonnen erhöht. Die wichtigste

Änderung war jedoch der Austausch der fünf 12,7 cm Geschütze gegen drei 15 cm Einzellafetten und einer 15 cm Doppellafette. Das viel höhere Gewicht des 15 cm Doppelturms hatte ein stärkeres Eintauchen des Vorschiffes zur Folge und beeinträchtigte die schon grenzwertige Seetüchtigkeit noch mehr. Des Weiteren wurde ab dem Zerstörer Z 23 die traditionelle Namensgebung der Zerstörer fallengelassen und die Boote bekamen nur noch Nummern.

Die gesamten Bauserien 1936 A und 1936 A (mob) wurden zur Erinnerung an den heldenhaften Einsatz der deutschen Zerstörer beim Kampf um den gleichlautenden Erzhafen als Narvik-Klasse bezeichnet.

Die Beurteilung der Klasse 1936 A im operativen Führungshandbuch des Oberkommandos der Kriegsmarine fiel ebenfalls wenig positiv aus. Darin war zu lesen: anfällig im Schiffsantrieb, Bewaffnung gut, See-Eigenschaften eingeschränkt, sehr rank. Rank bedeutet: geringe Stabilität besitzen, sich bei Wind und Seegang leicht überlegen.

Diese beiden Urteile sind ein eindeutiger Beweis, wie wenig diese deutschen Schiffsklassen für einen Atlantikkrieg gedacht waren und ein Krieg gegen Großbritannien musste zwangsläufig auf einen Krieg im Atlantik hinauslaufen.

*

Dem Matrosen Emil Asmuss auf dem Zerstörer *Hermann Künne* ist gar nicht mehr so wohl. Das Boot schlingert und stampft durch eine immer grober werdende See. Das Auf und Ab, das Links und Rechts macht ihm und vielen seiner jüngeren und noch nicht so seefesten Kameraden schwer zu schaffen. Mehrmals musste er bereits durch die engen und durch überkommendes Seewasser nassen und rutschigen Gänge auf das Oberdeck eilen und, wie es in der Marine heißt, die Fische füttern.

Wieder bahnt sich so ein Vorgang an.

„Mein Gott, das ist ja nicht zum Aushalten!", jammert Asmuss mit einer gequälten Stimme.

Sein Kamerad, der Matrose Per Johanson, der kurz vor ihm auf den Zerstörer kam, liegt wie zerschlagen in seiner Hängematte. Sein Gesicht zeigt eine recht ungesunde blasse Gesichtsfarbe.

Wie mit letzter Anstrengung erwidert er: „Mensch, Emil, ich glaub, ich schaffe es nicht noch mal hoch. Mir ist hundeelend!"

Als der Zerstörer das nächste Wellental nimmt und dabei schwer nach Steuerbord krängt, verliert Johanson das letzte bisschen von seinem Mittagessen und mit einem lauten Stöhnen legt er sich wieder zurück in seine Hängematte.

So wie die beiden jungen Matrosen in einer ungewöhnlich schweren See leiden, so geht es vielen jungen Matrosen und auch die Heeressoldaten sind großteils schwer seekrank, da sie diese Naturgewalten überhaupt nicht gewohnt sind. Doch auch vielen gestandenen Matrosen ist bei dieser schweren See etwas flau in der Magengegend.

Der Wind tobt mit Stärke 9. Vier Zerstörer haben durch Seeschäden den Anschluss an den Verband verloren.

Flottenchef Vizeadmiral Lütjens befiehlt daher 22 Knoten für die schweren Einheiten, damit die Zerstörer wieder aufschließen können.

Gegen 7 Uhr morgens steht der Verband der drei schweren Einheiten im Abstand von etwa 70 Seemeilen mit Kurs Nordost parallel zur Felsküste zwischen Stadtlandet und Drontheim.

Nach Tagesanbruch verdichtet sich die Luft zu diesigem Dunst mit Nebelschwaden. Von den vier Zerstörern, welche für die *Admiral Hipper* bestimmt sind, ist nichts zu sehen. Aus dem Morgendunst kommt der *Hans Lüdemann* ein langsam auf Gegenkurs laufendes Schiff entgegen und immer deutlicher in Sicht.

An der Reling gelehnt und die weiße Mütze in einem waghalsigen Winkel auf den Kopf gesetzt, beobachtet Fregattenkapitän Hans Joachim Gadow, Chef der 3. Zerstörerflottille, deren Führerboot die *Hans Lüdemann* ist, den andampfenden Fremden.

Niedriger Rumpf, zwo Masten, zwo Schornsteine, dazu der typische Brückenaufbau englischer Zerstörer. Gadow setzt sein Doppelglas ab und sieht den Kommandanten an.

„Kanadischer Zerstörer, würde ich sagen."

Korvettenkapitän Herbert Friedrichs stimmt zu und denkt: „Wenn der Flo-Chef das so sicher sagt, wird es wohl stimmen. Ins Kartenhaus gehen und nachschlagen kann ich jetzt eh nicht, wenn es hier jeden Moment losgehen kann."

Sein Gedankengang wird vom Befehl des Flottillenchefs unterbrochen.

„Abhauen, Friedrichs! Erst mal weg hier. Der Bursche soll uns nicht erkennen. Neuer Kurs Nordwest."

Hans Lüdemann dreht ab.

Von der Brücke des Fremden blitzt es durch den nebligen Dunst herüber.

„*What name?*, macht er", sagt Gadow. „Hm, unseren Namen will er wissen. Ganz schön neugierig, was? Den kann er haben. Signalmaat, unsere Antwort rüber blinken: Svenska Destroyer Goeteborg!"

„Jawohl, Herr Kapitän", sagt er.

„Aber langsam rüber blinken! Wenn er es geschluckt hat, melden", ergänzt Gadow.

Hans Lüdemann setzt sich mit Höchstfahrt ab.

„An Flotte funken: Zerstörer unbekannter Nation in Sicht. Uhrzeit 8.15 Uhr, Standort und so weiter, das Übliche – Beeilung."

Der FTO läuft zur Funkbude.

„Zerstörer hat gefeuert!", ruft der WO.

„Seh ich selbst! Also Engländer", meint der Flo-Chef gelassen.

Die Salve, die der Engländer abfeuert, liegt zu kurz.

Kurz darauf ist *Hans Lüdemann* außer Reichweite.

Fregattenkapitän Gadow bemerkt die leicht enttäuschten Gesichter seiner Offiziere und entschließt sich zu einer Erklärung.

„Wir dürfen uns, so gern wir es auch tun würden auf kein Gefecht einlassen. Unser Operationsziel heißt Narvik. Sie kennen den Operationsbefehl!"

Wenig später wird der gleiche Zerstörer, welcher sich als die britische *Glowworm* herausstellt, von *Bernd von Arnim* gesichtet. Der Kommandant der *Bernd von Arnim* lässt entgegen des Operationsbefehls Feuer eröffnen und eine Sichtmeldung funken. Mit hoher Fahrstufe kommt der Gegner schnell achteraus, geht auf Gegenkurs und erwidert das Feuer. *Bernd von Arnim* sieht sich dadurch gezwungen, das laufende Gefecht von Backbord aus zu führen. *Von Arnim* ist bestrebt, seine fünf 12,7 cm Geschütze zum Tragen zu bringen und zu versuchen den Feind abzuschütteln. Bestürzt bemerkt er bald, dass der britische Zerstörer über hervorragende Manövrier- und See-Eigenschaften verfügt. Trotz des hohen Seegangs kann er spielend mithalten.

„Verflucht noch mal! So werden wir den nicht los! ", wendet sich Kapitän Rechel an seinen WO. „Umdrehungen für 33 Seemeilen machen und nebeln!"

Kaum erreicht die *Bernd von Arnim* die befohlene Geschwindigkeit, da unterschneidet das Vorschiff, zwei Mann werden über Bord gerissen und es entstehen erhebliche Seeschäden. Die drei achternen Geschütze können zwar noch feuern, doch muss der Kommandant trotzdem mit der Geschwindigkeit auf 27 Knoten runter gehen.

Auf *Hans Lüdemann* wird weit achtern Mündungsfeuer beobachtet und das Dröhnen von Salven vernommen.

Gadow entrüstet sich.

„Das ist doch unerhört. Das muss die *Bernd von Arnim* sein, die sich da mit einem Engländer rum schießt! Rechel kennt doch den Operationsbefehl ganz genau. Verbot von Kampfhandlungen und so weiter!"

Dem Flo-Chef ist bei dieser Entfernung nicht klar, dass die *Bernd von Arnim* anders als vorher die *Hans Lüdemann* den Gegner nicht loswerden kann.

Der Flottillenchef lässt durch UK-Posten an *Bernd von Arnim* durchgeben: „An BA Durchsage, Fch (Flottillenchef) an K: Denken Sie an Ihre Hauptaufgabe!"

Mit Sicherheit wäre der Fregattenkapitän der *Bernd von Arnim* zur Hilfe gekommen, wenn er die gefährliche Lage gekannt hätte.

Die Männer auf der Brücke und dem Signaldeck der *Admiral Hipper* horchen auf. Die ganze Nacht über war vom Engländer nichts zu sehen und zu merken. Aber nun grollt von achtern kaum hörbar dumpfes Grummeln über die See. Kurz, nur ein- oder zwei Mal. Der Kommandant des schweren

Kreuzers, Kapitän zur See Hellmuth Heye tritt an die Achterkante der Brücke und sucht mit dem schweren Zeiss-Glas die Kimm ab. Nichts zu sehen. Die eigenen Zerstörer müssen irgendwo achtern stehen.

„Das war doch Geschützfeuer!", stellt der Kommandant stirnrunzelnd fest.

„Unverkennbar, zwo Salven, Herr Kapitän", bestätigt der I. AO Korvettenkapitän Edward Wegener. „Wahrscheinlich Zerstörergeschütze", ergänzt er.

Der I. FTO kommt auf die Brücke.

„Funkspruch von *Hans Lüdemann*, Herr Kapitän. 8.15 Uhr abgegeben. Sichtete Zerstörer unbekannter Nation. Mehr nicht."

„Einer von denen oder beide haben aber mindestens zwo Salven abgefeuert und genau die haben wir gehört! Der Engländer oder was auch immer er ist, wird doch bestimmt annehmen, auf eine Sicherung gestoßen zu sein und versuchen Fühlung zu halten!"

„Sehr wahrscheinlich, Herr Kapitän", meint auch der NO, Korvettenkapitän Fritz Hintze.

Der Nachrichtenoffizier winkt den Adjutanten heran und meint zu diesem: „Fragen Sie doch mal in der Funkbude nach, ob irgendwas Neues von unseren Nachzüglern oder dem Engländer vorliegt."

Der Oberleutnant eilt zum Bordtelefon, spricht mit dem Funkraum und schüttelt verneinend den Kopf.

„Negativ, Herr Kapitän. Absolute Funkstille."

„Dieser Engländer oder wer auch immer das ist, schippert doch hier nicht so einfach rum. Ich denke, hier steht irgendwo ein britischer Verband. Wegener an Kriegswache, schärfster Ausguck nach Nord und Nordost. NO, das gleiche für Ausgucks, Horchraum und die Matratzen!"

Circa eine halbe Stunde lang ereignet sich nichts. Die allmählich aufschließenden Zerstörer sind auszumachen, doch sind sie noch lange nicht heran.

Da summt das Telefon vom Funkraum. Der NO nimmt den Hörer ab.

„Meldung vom wachhabenden II. FTO, Herr Kapitän. *Bernd von Arnim* ist offenbar auf den gleichen Zerstörer gestoßen und hat Feuer eröffnet. Die Funksprüche sind allesamt verstümmelt, werden gleich rauf geschickt. Der I. FTO bleibt im Funkraum, falls weitere FTs einlaufen."

Zwar laufen keine Funksprüche mehr ein, doch ist das Salvenfeuer wieder zu hören, macht eine längere Pause, in der alle lauschenden Offiziere annehmen, dass das Gefecht beendet sei und grollt erneut aus der Ferne heran. Zu sehen ist nichts.

Heye schlägt mit seiner Faust auf die Reling.

„Verdammt noch mal! Ich will endlich wissen, was da los ist! Wieso helfen die achtern aufkommenden Boote der BA nicht? Das sind doch nur zwei, die da ballern! Wieso wird nichts veranlasst?"

„Der Flottenchef hat sicher alle Funksprüche mitbekommen und wird sicher bald auch entsprechende Maßnahmen einleiten", versucht der Nachrichtenoffizier Kapitän Heye zu beruhigen.

Es wird auch etwas veranlasst. Das Flaggschiff *Gneisenau* hört natürlich sämtliche Funksprüche mit. Um 8.22 Uhr gibt der Flottenchef der *Admiral Hipper* den Befehl, *Bernd von Arnim* zur Hilfe zu kommen.

Der schwere Kreuzer dreht hart Steuerbord, läuft nun auf Gegenkurs und es wird Alarm gegeben.

Der Artillerieoffizier greift zu den Vorreibern der Schotttüren des Gefechtsmasts, reißt sie auf und rennt hinauf. Oben angelangt, wird er vom böigen, auf Stärke 10 gestiegenen Sturm empfangen.

Wegner betritt die Vormarshaube und stellt sich, der Bedienung des Vormarsleitstandes zunickend an seinen Zielgeber.

Die *Admiral Hipper* muss nun gegen eine ungewöhnlich hohe See anlaufen. Der Wellenbrecher wird regelmäßig überflutet und die Gischt fegt über beide 20,3 cm Türme.

Der Kommandant sieht ein, dass er die hohe Fahrt nicht halten kann und lässt mit der Fahrtstufe hinuntergehen.

Das eben noch ferne Salvenfeuer wird von Minute zu Minute deutlicher.

„Steuerbord voraus, Mündungsfeuer!", meldet der AO zur Brücke hinunter.

Kurz danach machen auch Heye und der Nachrichtenoffizier die beiden kämpfenden Zerstörer aus.

Hintze, als NO verantwortlich für das Kriegstagebuch, sieht auf seine Armbanduhr und notiert routinemäßig die Uhrzeit, welche genau 8.50 Uhr beträgt.

Vom Vormarsleitstand gibt der Artillerieoffizier laufend die aktuellen Werte an die Geschütztürme und quittiert zufrieden die nach und nach einlaufenden Klarmeldungen der Artillerie. Er lässt laden und wartet auf die Feuererlaubnis des Kommandanten.

Durch die hohe und stürmische See, den Dunst und den Pulverrauch der beiden sich hart bekämpfenden Kontrahenten, ist trotz schärfster Richtweiseroptik nicht zu erkennen, wer von den beiden Zerstörern der Engländer ist.

Heye bleibt wie fast alle Kommandanten der schweren Einheiten beim Klarschiffzustand draußen auf der Brücke, denn von hier aus hat er eine ungehinderte, freie und ungleich bessere Sicht als durch das Scherenfernrohr im schwer gepanzerten Kommandostand, welches der Platz der Schiffsführung im Gefecht ist. Vor allem fühlt er sich draußen nicht so eingeengt von Offizieren, Unteroffizieren und Mannschaften wie dort. Auch Heye ist sich im Moment nicht im Klaren darüber, wer von den Zerstörern wer ist. Er steht in der Steuerbordnock und winkt seinen Haupt-BÜ heran. Der Matrosengefreite eilt zu ihm.

„Herr Kapitän?", fragt er.

„Pass auf. Ich kann nicht erkennen, wer von den beiden wer ist. Durchsage: K an AO, glaube BA auszumachen. Bin aber nicht hundertprozentig sicher. Verstanden?", sagt der Kommandant zu dem Mannschaftsdienstgrad.

Dieser nickt, wiederholt und gibt das Gehörte an den AO weiter.

In der Zwischenzeit beobachtet Kapitän Heye das Geschehen weiter und tobt.

„Signalmaat! Sehen Sie BA? Fordert laufend Erkennungssignal. Wird nicht beachtet. Was soll denn sowas jetzt? Die kennen uns doch ganz genau."

Der Maat zeigt klar, grinst und verschwindet hinter der Reling.

„Jetzt ist ja wohl genug. Nun feuert sie auch noch auf uns und der Engländer dreht auch noch genau auf uns zu", ruft der Kommandant entsetzt.

Zum Glück liegen die Schüsse allesamt zu kurz.

Nun fängt der britische Zerstörer auch noch an zu morsen.

„Zerstörer morst: *What name?*, Herr Kapitän!", meldet die Signalbrücke.

Heye lacht laut auf.

„Jedenfalls wissen wir nun ganz genau, welcher der Engländer ist! An AO, Feuererlaubnis!"

„BA fordert noch immer ES!", schreit der Signalgast von der Signalbrücke hinunter.

„Nicht antworten, die werden schon merken, wer wir sind!", schreit Heye gegen den ohrenbetäubenden Lärm der nun feuernden 20,3 cm Geschütze.

Der Artillerieoffizier hat auf 84 Hektometer das Feuer eröffnet. Grell leuchtende Feuerlanzen schießen aus den Rohren und schleudern ihre Granaten zum britischen Zerstörer hinüber.

Die Uhr zeigt genau 8.57 Uhr.

Schon die erste Salve liegt deckend Steuerbord und Backbord masthoch beim Gegner. Der feindliche Zerstörer qualmt schwarz und nähert sich mit voller Geschwindigkeit. Die von ihm abgefeuerten 12,5 cm Granaten liegen allesamt zu kurz. Er feuert allerdings ununterbrochen und versucht sich durch Einnebeln dem Feuer der *Admiral Hipper* zu entziehen und überraschend aus dem stinkenden Kunstrauch zu stoßen, um Treffer zu landen.

„Gegner dreht auf uns zu!", meldet ein Signalmaat.

„Torpedogeräusche voraus!", schreit der Haupt-BÜ.

„Hart Steuerbord! Drei mal AK voraus!", befiehlt der Kommandant mit ruhiger, befehlsgewohnter Stimme.

Der schwere Kreuzer nimmt Fahrt auf und dreht nach Steuerbord. Dabei schießt die schwere Artillerie die zweite Salve mit den vorderen Doppeltürmen. Sie fahren als Doppeltreffer in die Aufbauten des Zerstörers und zerreißen mit ohrenbetäubendem Kreischen Teile des Brückenaufbaus des Briten.

„Feuer frei für die Mittelartillerie", befiehlt Heye.

Sofort hämmern die 10,5 cm Geschütze funkensprühend in Geschütze, Aufbauten und Bordwand des englischen Zerstörers. Ein weiterer Treffer der schweren 20,3 cm Granaten donnert in den Artillerieleitstand des Feindes und richtet dort Verwüstung, Zerstörung und Tod unter den Geräten und den Mannschaften an. Der nächste Treffer zerschlägt das dritte Geschütz des Zerstörers und tötet die Bedienung.

Der Gegner ist von nun ununterbrochenen Einschlägen, beißendem Rauch und Flammen umhüllt und eingedeckt.

„Gegner feuert weiter", meldet die Signalbrücke.

Wieder und wieder schlagen Granaten in die Brücke des Engländers und lassen nun mehr nur verbogene Brückenteile über, aber der Zerstörer wehrt sich mit dem traditionellen Mut und der Standhaftigkeit der Royal Navy. Eine Granate der schweren Artillerie durchschlägt die Bordwand und detoniert im Inneren.

Kurz darauf meldet der FTO: „Gegner hat aufgehört zu funken."

Wieder schlägt eine 20,3 cm Granate in den weidwunden Schiffsleib. Diesmal trifft sie schräg unter den achternen Torpedorohrsatz und schleudert ihn hoch. Die zerstörerische Gewalt der Explosion zieht das komplette Achterschiff des feindlichen Zerstörers in Mitleidenschaft.

Die Kontrahenten nähern sich immer mehr.

„Feuer frei für Flak-Artillerie!", befiehlt Kapitän Heye und der AO gibt die entsprechenden Befehle.

Kurz darauf ertönen die kurzen, abgehackten Schüsse der 3,7 cm und 2 cm Geschütze. Diese streuen nun in bunten Leuchtspurbahnen die Aufbauten und das Oberdeck ab.

„Zerstörer klar in Sicht!", kommt plötzlich die Meldung. „Zerstörer dreht hart Backbord auf uns zu!"

Das Feuer wird so lange weiter aufrecht erhalten, bis der Zerstörer durch sein Fahrmanöver in den toten Winkel der Artillerie des schweren Kreuzers gelangt und Kommandant Heye das Feuer einstellen lässt.

„Zerstörer auf Kollisionskurs!", meldet der I. Wachoffizier mit überschlagender Stimme.

„Das sehe ich auch. Hart Steuerbord. Alle Maschinen volle Kraft voraus!", schreit Heye dem NO zu, doch es ist zu spät.

Kurz darauf schmettert das lichterloh und über seine ganze Länge brennende Schiff mit dröhnendem Getöse und kreischendem Reiben kurz hinter dem Steuerbordanker gegen die Bordwand der *Admiral Hipper*. Die Back der *Glowworm* wird aufgerissen und zusammengestaucht. Der feindliche Zerstörer federt zurück und das Vorschiff gerät unter die nach Steuerbord krängende Bordwand des schweren Kreuzers, welcher durch die Gewalt des Zusammenstoßes überholt. Die *Glowworm* schlitzt die Bordwand der *Admiral Hipper* auf etwa 40 Meter Länge auf, wirft die vordere 10,5 cm Steuerbord Doppellafette aus dem Podest, zerschlägt den Steuerbord-Kutter und schneidet die vorderen Löffel der vorderen Torpedo-Drillingsrohrsätze wie mit einem scharfen Messer ab.

Der Zerstörer setzt mit erstaunlicherweise noch funktionierenden Maschinen zurück und bleibt nun endgültig als hilfloses brennendes Wrack auf dem Meer liegen. Das durch das völlig zerstörte Vorschiff und die zahllosen Einschusslöcher eindringende Seewasser drückt das Schiff immer tiefer und tiefer.

Die Männer der *Admiral Hipper* sehen nun, dass die tapfere Besatzung der *Glowworm* ihr rettungslos verlorenes Schiff verlässt.

„Alles vorbereiten, um die Briten an Bord zu holen", befiehl Kapitän Heye nun.

Als ein Großteil der Besatzung den Zerstörer verlassen hat, neigt er sich schwerfällig auf die Seite. Noch immer sitzen einige britische Seeleute auf eben dieser und zögern, in das eiskalte, mit schmierigem und stinkendem Öl bedeckte Wasser zu springen. Doch auch diese werden von der Lee machenden *Hipper* gerettet. Es sind insgesamt 37 Mann.

Leider ist der tapfere und nach dem Krieg posthum mit dem Victoria-Kreuz ausgezeichnete Kommandant der *Glowworm* nicht darunter. Er greift zwar eine der ihm zugeworfenen Leinen, doch hat diese keinen Pahlstek. Er wird hochgezogen und hat die Reling schon fast erreicht, doch plötzlich scheint er einen wohl durch die Überanstrengung ausgelösten Herzschlag oder Schwächeanfall zu erleiden, lässt los und fällt vor den Augen der deutschen Matrosen und Gebirgsjäger zurück in die See. Eine sofort nach ihm geworfene Rettungsboje hilft ihm nichts mehr, denn der tapfere Kapitän Lieutenant Commander Gerard Brodmead Roope ist bereits im Meer versunken und teilt das Schicksal seines langsam sinkenden Schiffes.

Eine Bestandsaufnahme der Munition zeigt, dass es 31 Schuss 20,3 cm Munition, 130 Schuss 10,5 cm Munition und 288 Schuss an Flak-Munition gekostet hat, die *Glowworm* zu versenken.

Sofort nach dem Gefecht erhält die *Admiral Hipper* von der Flotte den Befehl, dass die Gruppe II weiter nach Plan verfährt. Sie nimmt daraufhin mit ihren allmählich aufkommenden vier Zerstörern unverzüglich wieder Kurs auf Drontheim. Da Vizeadmiral Lütjens nach diesem Gefecht fest damit rechnet, dass schwere britische Einheiten aufkreuzen werden, beschließt die Gruppe I mit seinen Schlachtschiffen *Scharnhorst* und *Gneisenau* sie bis zum Eingang des Westfjords zu begleiten.

Die langsam aufschließenden Zerstörer der für Narvik bestimmten Gruppe I nehmen einen breiten Sicherungs- und Aufklärungsstreifen ein. Hinter diesem setzen die beiden Schlachtschiffe ihren Marsch fort. 50 Seemeilen hinter der Gruppe I läuft *Erich Giese* mit Kompassversager und leckgeschlagenem Ölbunker. Bei momentaner außergewöhnlich guter Sicht kommt um 12 Uhr mittags ein englischer Zerstörer in Sicht.

„Funkspruch an FdZ?", fragt der auf der Brücke stehende FT-Offizier den Kommandanten der *Erich Giese* Korvettenkapitän Karl Schmidt.

„Lieber nicht. Ist wohl nur ein Einzelgänger. So wie der Brite, der von der *Admiral Hipper* versenkt wurde. Sie wissen doch, Funkspruch nur bei direkter Feindberührung. Sein Kurs ist darüber hinaus für unsere Operation nicht von Bedeutung!", gibt der zurück.

Im Laufe des Nachmittags tritt eine anderthalbstündige Windstille ein, der aber dann ein Orkan mit Windstärke 9 bis 10 folgt. Die Zerstörer werden in der Höhe des Polarkreises in einer Kreuzsee unberechenbar und haltlos hin und her geworfen. Die Sicht wird schlecht und ständig fegen Gischt und Brecher über die Boote. Die Zerstörer müssen, da nach dem Funkverkehr zu urteilen englische Einheiten in der Nähe stehen, mit allen Mitteln und Maßnahmen gegen ein Entdecken zusammengehalten werden. Dennoch lässt es sich nicht verhindern, dass ab und an die Heckleuchten angeschaltet werden müssen, da durch nahezu waagerecht daherjagenden Schnee die Sicht beinahe auf Null gesunken ist.

Auch bei diesem Wetter ereignen sich die gleichen tragischen Ereignisse wie schon am Vortag. Ein Mann wird, ohne dass ein Rettungsversuch möglich ist, über Bord gespült, ein weiterer wird schwer verletzt und kann ohnmächtig von mutigen Kameraden geborgen werden. Die unglaublich schwere See macht selbst einen Wachwechsel sowohl für das seemännische als auch für das technische Personal unmöglich. Überall steht das Seewasser kniehoch in den Kammern. Die Männer versuchen die undichten Stellen mit Teppichen, Vorlegern, Wolldecken und Segeltuch zu stopfen. Doch ist dies nur von mäßigem Erfolg gekrönt.

Der Leitende Ingenieur der *Erich Giese* Kapitänleutnant August Wilhelm Heye wird in das Vorschiff gerufen.

Auf seinem Weg dorthin bemerkt ein ihm entgegenkommender Unteroffizier der Gebirgsjäger im Kärntner Dialekt: „O mei, lieber a Woch'n lang alle Tag 40 Kilometer marschier'n, als an oanzigen Tag so ein Kreuz!"

Der Erste Offizier Kapitänleutnant Kurt Reitsch, welcher der Bruder von der Fliegerin Hanna Reitsch ist, schafft es auf Umwegen zur Brücke.

Dort meldet er den Zustand unter Deck dem Kommandanten.

„Es ist furchtbar da unten, Herr Kapitän. Selbst einige unserer Kriegswachen, welche ja nicht ablösen können, sind seekrank. Trotz der gespannten Seetaue kann dort niemand gehen."

Schulze-Hinrichs meint: „Das haben wir gemerkt. Was sagt Heye? Bis jetzt haben wir die Umdrehungen ja halten können."

„Der Leitende flucht grässlich, weil sein Personal auch nicht abgelöst werden kann. Aber ansonsten ist er unverwüstlich wie immer“, sagt Reitsch.

Kommodore Bonte steht gegen 17 Uhr des 8. April 1940 mit General Dietl im Kartenhaus der *Wilhelm Heidkamp* und liest ihm die letzten Funksprüche des Marinegruppenkommandos West vor.

„Hier der erste, Herr General. Von 15.01 Uhr. An alle: 14.48 Uhr gesichtet, zwei Schlachtkreuzer, ein schwerer Kreuzer, sechs Zerstörer. Quadrat 7360, nördlicher Kurs, 20 Seemeilen.“

Bonte zieht die Lagekarte über die große Übersichtskarte und fährt mit seiner Hand über das erwähnte Seegebiet.

„Das Gebiet befindet sich hier, 100 Seemeilen nordwestlich von Kraakenes in der Nähe von Stadtlandet. Wir stehen bereits weiter nördlich. Es werden wohl Teile der Home Fleet sein, welche ja in See steht. Ist wahrscheinlich die Meldung eines Langstreckenaufklärers, Herr General.“

Er nimmt die zweite Meldung zur Hand und meint: „Eine ergänzende Mitteilung von 16.33 Uhr. Zwischen den Orkneys, Shetlands und der norwegischen Küste sollen mehrere englische Kreuzer- und Zerstörerverbände stehen. Auch diese sind noch weit entfernt, wenn es stimmt.“

Beide begeben sich wieder auf die Brücke. Trotz des heftigen Sturms ist die Luft diesig und undurchsichtig. Schneetreiben wirbelt heran. Hinter den Zerstörern sind manchmal die schemenhaften, doch trotzdem drohend und mächtig wirkenden Umrisse der beiden achtern laufenden Schlachtschiffe zu erkennen. Die Abenddämmerung setzt ein.

Gegen 20 Uhr steht der Verband am Eingang des Westfjords, welches sich kilometerbreit zwischen Lofoten und Festland erstreckt. Am Anfang wirkt es uferlos, doch dann wird es enger und geht in das Ofotfjord über, an dessen innerem Ende zwischen dem schmalen Rombaken- und Beisfjord dann Narvik liegt.

Gleichzeitig mit dem UK-Spruch blinzelt ein Scheinwerfer mit langen und kurzen Morsezeichen von der Signalbrücke der *Gneisenau* durch das Schneegestöber.

„Scheinwerferspruch vom Flaggschiff. Geben ihr Besteck und sichern unser Ein- und Auslaufen."

Ein Signalgast notiert die Zahlen und Buchstaben und gibt dann zurück: „Verstanden."

Bonte erklärt dem aufmerksam beobachtenden Gebirgsgeneral die Blinksprüche und meint: „Beide werden uns zwar hier decken, doch ist es nach den letzten Funksprüchen eher unwahrscheinlich, dass hier feindliche Einheiten auftauchen werden."

Aufgrund des Befehlschaos des C in C, den Befehlen und Gegenbefehlen der Admiralität und den teilweise eigenmächtigen Entscheidungen von Admiral Whitworth ahnt weder Kommodore Bonte noch Vizeadmiral Lütjens, dass die *Renown* und ihre Zerstörer gar nicht allzu weit entfernt stehen.

Bonte lässt an die zehn Zerstörer seiner Gruppe einen UK-Befehl herausgeben: „Auf *Wilhelm Heidkamp* sammeln."

Im Kartenhaus vergleichen der Kommandant und der Obersteuermann das eingegangene Besteck der Flotte.

„Ich denke, wir stehen genau vor der Mitte des Westfjords. Ein einwandfreies Besteck haben wir jedoch seit Mittag des ersten Vormarschtages nicht mehr nehmen können", meint Erdmenger und ergänzt: „Der FdZ meinte vorhin, wir stünden dicht vor der ersten Lofoteninsel. Das scheint mir aber nicht so. Echolot nützt hier scheinbar auch nicht viel, zeigt stur 400 Meter und mehr."

Der Kapitän meint beschwichtigend: „Vorerst halten wir Kurs und ich melde das dem Kommodore."

Der Sturm reißt ihm beim Hinaustreten die Tür aus der Hand, so dass sie krachend zuschlägt. Die See rings um das Schiff ist weißschäumend und Schnee peitscht ihnen in die Gesichter. Die hinter *Wilhelm Heidkamp* laufenden Boote sind bei diesem Wetter kaum zu erkennen.

Erdmenger äußert seine Bedenken: „Wir wissen nicht einmal, ob die norwegischen Feuer noch brennen, wahrscheinlich aber eher nicht und selbst wenn, würden wir sie bei der Sicht wohl gar nicht erkennen."

Im Kartenhaus angekommen, meint Bonte gerade: „Ich bekam soeben eine Durchsage aus dem Funkraum. Sie haben ein Funkfeuer angepeilt!"

Er nennt die Peilung.

„Das muss das Feuer von Skraaven sein, Herr Kommodore", meint Erdmenger, der die Seekarte noch gut im Gedächtnis hat. „Das ist die äußerste Lofoteninsel. Ich bin mir nicht sicher, aber ich bin der Meinung, dass ich an Steuerbord einmal ein Leuchtfeuer gesehen habe. Doch wie gesagt, ich bin mir nicht ganz sicher. Aber ich bin der Meinung, Herr Kommodore, wir stehen südlicher als Sie annehmen. Daher schlage ich Kurswechsel auf 80 Grad vor."

„Einverstanden!", und zum Gebirgsjägerführer gewandt, meint der Kapitän: „Sehen Sie, Herr General, hätte uns der Westnordwest-Wind weiter südlich erreicht, würden wir Narvik zur befohlenen Zeit nicht erreichen, da wir gegen die See andampfen müssten und darüber hinaus auch noch einen enormen Brennstoffverbrauch hätten. Doch leider muss ich auch jetzt noch eine hohe Fahrtstufe einhalten, da sonst das ganze Unternehmen gefährdet wäre."

„Bringen S' mi nur hin, wie ist mir Wurscht!", wiederholt der unerschütterliche General Dietl zum Spaß der Brücke seinen schon oft geäußerten Spruch.

Sie laufen in den Westfjord ein.

Der Kapitän der *Wilhelm Heidkamp* zeigt Kommodore Bonte einen um 22.33 Uhr erhaltenen Funkspruch des Marinegruppenkommandos West: „Lagebeurteilung: Es werden zwei feindliche Schlachtkreuzer auf See vermutet. Eine Gruppe schwerer feindlicher Einheiten in der Nordsee vermutet, Bewachung des Westfjords durch leichte Streitkräfte des Feindes."

„Das kann mich nicht sonderlich beeindrucken!", äußert Bonte gelassen. „Falls tatsächlich einige der Vettern im Fjord stehen, haben sie die gleichen Probleme wie wir und bei dem Schneesturm können sie uns ebenso wenig ausmachen wie wir sie."

Gegen Mitternacht wird ein Funkspruch aufgenommen, der mitteilt, dass ein britischer Kreuzer und ein Zerstörer im Westfjord gewesen seien.

Um 2 Uhr des 9. April gibt der II. Asto, Korvettenkapitän Heinrich Gerlach dem FdZ eine weitere Mitteilung des Gruppenkommandos: „1.49 Uhr eingegangen, Herr Kommodore. Die Norweger haben sofortiges Löschen der Leuchtfeuer von Lister bis Narvik befohlen. Genau das hatte Skraaven zu unserem Glück wohl noch nicht mitbekommen. Zum Glück wird es ja durch die Deckung durch die Lofoten nun ein bisschen ruhiger. War ja eine üble Schlingerei."

Die norwegische Regierung gibt diesen Befehl merkwürdigerweise erst drei Stunden danach offiziell bekannt. Skraaven wird daraufhin abgestellt, aber andere Außenfeuer der Lofoten und Feuer im inneren West- und Ofotfjord bleiben weiterhin in Betrieb, da der Befehl wohl nicht überall durchgekommen ist.

Mit 27 Knoten läuft die Kampfgruppe den sehr langen Westfjord hinauf.

Bonte ruft dem Stabssignalmeister zu: „Signal: Kiellinie!"

Es wird langsam heller und ein grauer Tag steigt über den Gletscherspitzen auf. Um 3 Uhr passiert der erste Zerstörer der Gruppe in Kiellinienfahrt die Insel Barö und läuft nun in den Ofotfjord ein.

Der Kommodore lässt sich die Spezialkarte geben und erklärt sie dem wieder einmal in der Brückennock hockenden, Wind und Wetter trotzenden Dietl.

Nach und nach wird das Wasser immer ruhiger. Die ersten Gebirgsjäger erscheinen auf dem Oberdeck und betrachten die schneeverhängten, fremden Berge, die verschneiten Tannen und Fichten.

„Na, was moanen S'", erkundigt sich der General, „der schaffen mir's no?"

Bonte lächelt.

„Aber, Herr General. Um 15 Uhr stehen wir vor Narvik!"

Auf *Diether von Roeder* hat Kommandant Holtorf das Signal des Kommodores für die Kiellinie bekommen. Das Wetter wird so undurchsichtig, dass man nicht mehr erkennen kann, was vor dem dritten Vordermann los ist.

Der Korvettenkapitän stellt sich hinter den Wachoffizier und sagt: „Näher ran, Mensch! Wenn wir den Sichtkontakt zum Vordermann verlieren, sind wir am Arsch! Kielwasserlaterne anfordern."

Der Vordermann stellt an und so bildet der schwache, abgeblendete Schein der Laterne den einzigen Anhaltspunkt für den Rudergänger.

Kapitän Holtorf scheint die ihm dargebotene Lage nicht ganz geheuer.

Er begibt sich ins Kartenhaus und studiert die Spezialkarte der Lofotengegend, sieht seinen Obersteuermann an und meint: „Also irgendwas stimmt doch hier nicht. Wir stehen doch wohl viel zu weit westlich, oder nicht?"

Sie stecken nochmals den Kurs ab, vergleichen, rechnen nach, vergleichen wieder, schauen auf den Umdrehungsanzeiger und die Fahrtabelle, koppeln und vergleichen nochmals. Holtorf wird unruhig. Er vertraut weder seinem noch dem Besteck der Schlachtschiffe und verschwindet auf der Brücke.

Er steht schweigend auf der Brücke, blickt in die rabenschwarze Nacht, schaut auf die schäumende See und erkennt – nichts.

Etwa eine halbe Stunde nach Mitternacht verlässt ihn die Geduld.

„Wenn wir so weiter laufen mit diesem Kurs und dieser Geschwindigkeit, dann sitzen wir spätestens um 1 Uhr auf irgendeinem Fels und haben trockene Füße. Los, geben Sie weiter durch die Linie. An WH, K an K: Bitte um Bestecksvergleich!"

Diether von Roeder ist derzeit der letzte Zerstörer der Linie und kann daher seine Navigation in aller Ruhe machen.

„Der Kommandant von *Wilhelm Heidkamp* hat es gut. Er ist der erste der Linie, braucht sich um keinen Vorder- oder Hintermann zu kümmern und wir dagegen sind ständig auf der Hut, um Rammpositionen zu vermeiden und andererseits den Anschluss nicht zu verlieren. Naja, die da vorn mit dem Kommodore, dem Flottillenchef und den ganzen Stabshengsten werden schon nirgends aufbrummen wollen!"

Die Antwort von *Wilhelm Heidkamp* kommt und zeigt, dass die Gruppe östlicher steht als der Kommandant angenommen hatte.

Die Uhr zeigt genau 3.30 Uhr als die Gedankengänge des Kommandanten durch einen gellenden Schrei unterbrochen werden.

„Dickes Schiff an Steuerbord!"

„Verdammt!", schießt es Holtorf durch den Kopf. „War da nicht 22.30 Uhr in der Lagebeurteilung die Rede von zwei englischen Schlachtkreuzern?"

Er blickt durch das schwere Zeiss-Glas. Tausend Gedanken jagen durch seinen Kopf.

„Muss ein Engländer sein. Schräg ansteigender Bug, hohe Aufbauten. Nichts wie ran, sonst zerfetzt der mich mit seinen schweren Koffern."

Er dreht sich zum WO und schreit: „Wo ist der TO?"

Der Wachoffizier meldet: „Steht schon an seinem Zielapparat. Torpedowaffe ist klar!"

Holtorf überlegt weiter.

„Wieso schießt der andere nicht? Schlafen die Brüder noch? Läuft genau auf gleichem Kurs, also ein laufendes Gefecht."

Laut und deutlich gibt er seine Befehle.

„Torpedowaffe Feuererlaubnis!"

Plötzlich im gleichen Moment erkennt er den vermeintlichen Gegner klar und brüllt: „Halt! Halt, um Himmels Willen! Das ist ja ne alte Schäre, zum Donnerwetter, kein Schlachtschiff!"

Acht Mann, der aus dem Kartenhaus heraus gestürmte Obersteuermann, Signalmaat, Ausgucks und er selbst haben sich gründlich geirrt.

Zwei kleine Fahrzeuge kommen nun in Sicht.

„Anscheinend Norweger, kleine Küstenkolcher, laufen lassen", entscheidet der Korvettenkapitän nach kurzem Blick.

Die kleinen Boote drehen ab und sie sehen noch die schmalen, hellen Kielwasserstreifen im dunklen, nordischen Fjordwasser als eine neue Meldung aus der Funkbude kommt.

„Fahrzeuge funken in offener Sprache, acht Kriegsschiffe im Ofotfjord!"

„Verdammte Sauerei, wir hätten sie doch anhalten sollen!", schimpft Holtorf.

Kurz vor 4 Uhr passiert die *Diether von Roeder* die Insel Barö und läuft nun in den langgestreckten Ofotfjord ein. Es herrscht Schneetreiben, Dämmerung und noch immer schlechte Sicht. Gegen 4.40 Uhr ruft der Signalmaat der Wache ein Flaggensignal aus, das von den Rahen der beiden vorderen Zerstörer weht.

Ein an der Back stehender Unteroffizier der Gebirgsjäger erkundigt sich beim Geschützführer des unteren 12,7 cm Geschützes.

„Jetz, woas is alsdann dös?"

Der Angesprochene blickt kurz zur Rah.

„Das Signal kommt vom Chef der 3. Zerstörerflottille auf *Hans Lüdemann*. Detachiert nach Plan, bedeutet das, denn einige unserer Boote haben Sonderaufgaben und trennen sich nun vom Rest, weißt du."

Dieses Signal betrifft auch *Diether von Roeder*, denn aufgrund von Erkenntnissen und Nachrichten, welche im Frieden über das norwegische Militär gesammelt wurden und Aufklärungsergebnissen vom B-Dienst besteht die Annahme, dass beiderseits der Ramnes-Hamnes-Enge Küstenbatterien stehen. *Hans Lüdemann* und *Anton Schmitt* sollen ihre Boote zu Wasser lassen und damit Stoßtrupps aussetzen, welche diese Geschütze ausschalten sollen. Diese Stoßtrupps hat *Diether von Roeder* mit ihrer Artillerie notfalls zu unterstützen.

Die beiden Zerstörer kommen in Sicht und Holtorf will sich gerade eine Zigarette anzünden als der Rudergänger plötzlich Ruderversagen meldet. Die Zigarette fliegt über Bord und der Kommandant eilt zum Rudergänger.

„Wie liegt das Ruder?", will er wissen.

„Klemmt bei 5 Grad Backbord, Herr Kapitän", meldet der Rudergänger in aller Seelenruhe.

„Beide zwomal stopp! Beide Maschinen dreimal AK zurück!", befiehlt der Kapitän.

Der Zerstörer zittert und bockt bei diesem ungewöhnlichen Fahrmanöver, doch der Fahrtüberschuss schiebt *Diether von Roeder* immer weiter auf das Felsufer zu. Dicht vor dem Ufer ragt eine schwarze Spier und daneben ragt ein hoher Felsblock aus dem Wasser.

„Großer Gott, hoffentlich haben die Männer bei den Turbinen geschnallt, was hier los ist", denkt Holtorf.

Drei mal AK ist nur im äußersten Notfall zu gebrauchen und ein sehr ungewöhnliches Kommando. Er weiß, dass er sich auf sein technisches Personal immer hundertprozentig verlassen kann. Der Kommandant starrt ins Wasser und beobachtet wie der Fahrtstrom allmählich nachlässt und der Zerstörer kurz vor Grund endlich zum Stehen kommt.

„Meine Herren!", murmelt Holtorf erleichtert.

Er nimmt eine Zigarette aus seinem Silberetui und zündet sie sich genüsslich an. Der Zerstörer setzt nun mit kleiner Fahrt zurück und läuft in Richtung der Mitte des Fjords.

Holtorf hört nun, was den Ruderversager verursacht hat als der Leitende Ingenieur zu ihm sagt: „Seeschlag machte den Kollektor der E-Maschine unklar, Herr Kapitän. Automatisch wurde die andere E-Maschine eingeschaltet. Das Ruder wurde nach kurzer Zeit wieder klar gemeldet."

Holtorf dankt, grüßt und sagt nichts weiter.

Von den beiden anderen Zerstörern ist nichts mehr zu sehen.

Holtorf muss auf hohe Fahrt gehen, um die anderen wieder einzuholen.

„Was ist denn nun mit diesen tollen Batterien?", fragt Holtorf seinen IO. „Warum hören wir keine Schüsse? Hinter dieser Huk müssten doch die Stoßtrupps bereits gelandet sein und angreifen."

Sie laufen um einen Felsvorsprung und der Erste Offizier deutet auf die friedlich auf der Festlandseite liegenden Zerstörer. Sie haben ihre Boote ausgesetzt und harren nun, was da kommt.

Auf der *Diether von Roeder* nehmen sie die Doppelgläser zur Hand und sehen an den Felswänden die Gebirgsjäger bergauf krabbeln. Es sind die 1. und 6. Kompanie des Gebirgsjägerregiments 139 und Marineartilleristen. Von irgendwelchen Kanonen und Befestigungen ist nichts zu entdecken.

„Sehen Sie etwas von diesen Geschützen?", brummt der Kommandant.

„Nein, Herr Kapitän. Nichts zu sehen. Sehr merkwürdig. Warten wir mal ab. Gadow wird uns ja irgendwann irgendwelche Befehle geben."

Was sie wegen der Huk zwischen *Diether von Roeder* und den beiden anderen Zerstörern nicht sehen können, war Folgendes:

Nachdem *Hans Lüdemann* und *Anton Schmitt* ihre Stoßtrupps landeten, erscheint vor letzterer ein auslaufendes norwegisches Fischereischutzboot. Es hat den Namen *Senja*.

Korvettenkapitän Friedrich Boehme, seines Zeichens Kommandant der *Anton Schmitt* befiehlt seinem Signalmeister: „Flaggensignal, international. Umkehren, nach Narvik zurücklaufen!"

Das Flaggensignal wird nach längerem Suchen im internationalen Signalbuch gehisst, doch der Norweger veranlasst nichts.

„Warnschuss vor den Bug!", befiehlt Boehme.

Das obere Buggeschütz feuert und der Schuss donnert widerhallend an den Felswänden.

Senja behält Kurs und Geschwindigkeit bei und ihre kleinen 4,7 cm Geschütze richten sich auf den Zerstörer.

„Der Kerl dort drüben hat aber Schneit. Was ruft er da?", meint der Kommandant anerkennend.

Das Fischereischutzboot kommt nun querab und dessen Kommandant ruft auf Deutsch hinüber: „Was wollen Sie hier?"

Boehme nimmt ein Megaphon zur Hand und antwortet: „Warten Sie, ich schicke ein Boot mit Offizieren."

In eine Motorjolle, die von der Ausschiffung der Gebirgstruppen zurückgekehrt ist, steigen zwei Offiziere und fahren zum Norweger hinüber.

Nach der höflichen Begrüßung übergibt der ältere Offizier ein Schriftstück, das für solch einen Fall auf norwegischer Sprache verfasst ist.

„Bitte lesen Sie das!", sagt der deutsche Offizier.

Auf dem Schriftstück steht, dass das Deutsche Reich zur Sicherung gegen eventuelle britische Übergriffe Truppen anlande.

Ohne eine Miene zu verziehen, liest der Norweger das Schriftstück, faltet es und steckt es stirnrunzelnd in die Tasche seines kurzen, blauen Uniformmantels.

Der deutsche Offizier ergänzt: „Wir bitten Sie, keinen Widerstand zu leisten, denn wir wollen unnötiges Blutvergießen vermeiden. Bitte händigen Sie uns das Verschlussstück Ihres Geschützes sowie die Sende- und Empfangsröhre Ihrer Funkstation aus und kehren Sie nach Narvik zurück."

Nach einem kurzen prüfenden Blick auf den großen Zerstörer lässt der Kapitän seine Männer wegtreten und sagt nichts weiter als: „Well."

Die Gegenstände werden ausgehändigt und die deutschen Offiziere kehren zurück. Die *Senja* geht auf Gegenkurs und läuft nach Richtung Narvik.

Die *Diether von Roeder* läuft auf die beiden anderen Zerstörer zu und gleichzeitig blinkt auf *Hans Lüdemann* ein Scheinwerfer auf.

„Sofort Boote zur Unterstützung aussetzen, dann Richtung Barö gehen als Vorpostenzerstörer!" Holtorf knurrt.

„Da haben wir es, kaum hat der Gadow uns in Sicht, schon sind wir dran. Gut, zwei Motorjollen raus und Richtung HL schicken. Danach rum mit unseren Schlitten und los!"

Nach Ausführung des Befehls geht *Diether von Roeder* auf Gegenkurs und läuft Kurs Barö wieder den Fjord hinab.

Nach ein paar Seemeilen kommen zwei Vorpostenboote in Sicht.

„Unsere vergammelten Freunde von heute morgen, Herr Kapitän!", lacht der Wachoffizier. „Einer von ihnen gab den Funkspruch ab. Wussten wohl nicht, was sie machen sollten und krebsen immer noch hier herum."

„Gut, machen Sie Signal: Stoppen Sie sofort!", sagt Holtorf zum Stabssignalmaat.

Die Flaggen werden gehisst und wehen aus. Nichts geschieht.

„Ran auf Rufweite und das Megaphon her!", meint er darauf hin.

Die *Diether von Roeder* dreht bei und geht längsseits des ersten norwegischen Boots.

„Sofort Narvik anlaufen!", ruft er auf Deutsch, was die meisten Norweger verstehen.

„Protestera!", ruft der Norweger zurück.

„Wohl verrückt geworden", denkt sich Holtorf und ruft: „Mund halten, alter Freund! Nach Narvik zurück!"

Der Kapitän des norwegischen Boots rührt sich noch immer nicht.

„Artillerieoffizier, die Backbord 3,7 cm klar machen! Doppelschuss hinter das Heck! Feuererlaubnis!"

Donnernd hämmert die 3,7 cm los. Die Schüsse krachen kurz hinter das Heck des alten norwegischen Fischdampfers.

„Er reagiert nicht, Herr Kapitän! Man sollte diesen störrischen Esel in den Grund bohren!"

„Langsam, langsam, AO. Sehen Sie, jetzt reagiert er ja doch."

Der Norweger dreht kurz danach bei und fährt auf das zweite Wachboot zu. Auf beiden norwegischen Schiffen treten die Bedienungen weit weg von ihren Geschützen. Das erste norwegische Boot geht längsseits des zweiten. Scheinbar halten die beiden norwegischen Kapitäne eine Besprechung ab.

Kaum zwei Minuten später steigt schwarzer Rauch aus den Schornsteinen der Norweger und sie setzen Kurs auf Narvik und verschwinden.

„Sehen Sie, hätten wir ihn versenkt, hätten wir jetzt nur Scherereien. Immer langsam mit den jungen Pferden, AO!"

Diether von Roeder läuft nun auf ihre Vorpostenstellung und kreuzt vor der Einfahrt des Ofotfjords.

„WO, schärfsten Ausguck halten lassen!", befiehlt Holtorf.

Die Sonne kommt langsam durch die Wolkendecke und abgesehen von gelegentlichen Schneeböen ist die Sicht klar.

Ein schwedischer Dampfer kommt in Sicht, wird angehalten und durchsucht. Der 6.000 Tonnen Dampfer ist voll beladen mit Stoffen, Erz und Tuch und bekommt den Befehl nach Narvik zu laufen.

Gegen Mittag werden Mastspitzen über der Kimm entdeckt.

„Kriegsschiffmasten, Herr Kapitän!", meldet ein junger Signalmaat der Wache.

„Mann, Mann, sollen denn die Briten etwa schon hier sein? Doppelglas her, mal sehen, mit was wir es zu tun haben."

Holtorf wird ein Zeiss-Glas gereicht und er setzt es an.

„Hm, ein Krähennest hat er, kein Kreuzermast. Vielleicht ein Zerstörer! IO, übernehmen Sie mal, ich schau mir das ein wenig genauer an."

Er entert das Krähennest hinauf und nimmt diesen Mast nochmals in Augenschein.

„Zweifelsfrei ein Zerstörer, wenn mich nicht alles täuscht, sogar ein Deutscher. IO, haben Sie eine Ahnung, wer es sein könnte?", ruft er hinunter zum Ersten Offizier.

Dieser hat keine Idee.

„Obersteuermann, für wen halten Sie ihn? Unsere Boote sind doch alle da."

„Herr Kapitän, eigentlich kann es keiner von unseren sein! Aber bei dem ganzen Hin und Her habe ich den Überblick verloren!"

Gemeinsam beobachten sie weiter. Der Unbekannte kommt näher.

„Meine Treu, das ist doch. Los, Winkspruch hinüber machen. K an K: Wo kommst du denn her?"

Der fremde Zerstörer ist die *Erich Giese*. Sie hatte technische Probleme, hinkte in langsamer Fahrt zum Westfjord und läuft nun langsam in den Ofotfjord ein.

Es kommt die Antwort: „K an K: Hoffe mit nur einer Maschine den Hafen zu erreichen. Bin wegen Ölmangels zu kleiner Fahrt gezwungen."

Holtorf sieht seinen WO verblüfft an und meint grinsend: „Geben Sie rüber: Mensch, habt ihr einen Dusel gehabt."

Was die *Erich Giese* alles erlebte, erfahren die Männer der *Diether von Roeder* später als sie gemeinsam im Hafen von Narvik liegen.

Es war wie folgt: Als der Flottenchef die Gruppe entlässt, läuft *Erich Giese* drei Stunden hinter dem Verband.

Auf der Brücke erscheint plötzlich klitschnass der Leitende Ingenieur neben dem Kommandanten, Korvettenkapitän Karl Schmidt.

„Der Brennstoff ist nahezu aufgebraucht, Herr Kapitän."

„Verdammt noch mal, wie kommt denn das?", gibt Schmidt zurück.

„Enormer Verbrauch durch das Andampfen mit hoher Fahrt gegen die grobe See. Die Brennstoffpumpen schaffen es nicht mehr. Höchstens eine Stunde reicht es noch, dann müssen wir irgendwo anlaufen."

Die Handbewegung des Leitenden macht dem Kommandanten den Ernst der Lage klar. Sie treten in das Kartenhaus und prüfen gemeinsam mit dem Obersteuermann den gekoppelten Standort.

„Tja, erstmal in Landschutz von einer der nächsten Inseln, liegen ja genug hier herum, dann weiter laufen solange der Vorrat reicht, dann werden wir weitersehen", sagt Schmidt.

Er geht wieder auf die Brücke hinaus.

Erich Giese stampft und schlingert.

Als nach ihrem eher unsicheren Besteck die erste Insel querab von ihnen erscheinen muss, kommt der Obersteuermann auf die Brücke und meint: „Wir stehen auf der Höhe von Vaerö, Herr Kapitän. Nach der Karte müssten wir eigentlich ein Feuer in Sicht haben."

Eine aufgeregte Stimme erschallt vom Niedergang her.

„Herr Kapitän, Herr Kapitän. Wir haben doch mehr Öl als ich nach dem Arbeiten der Pumpen annehmen musste!", ruft der Leitende Ingenieur.

„Na, also, LI! Aber wir wollen uns dennoch vorsichtshalber in der Nähe der Küste halten. Obersteuermann, wenn der Sprit alle wird, laufen wir unter Land."

So hinken sie weiter. Auf der Höhe von Tranö wird der Landschutz der Lofoten wirksam und das Wasser wird glatt.

Für alle überraschend reicht der Brennstoff immer noch und strahlend kommt der Leitende Ingenieur und sagt: „Es muss an der ewigen Schlingerei gelegen haben. Diese ließ die Pumpen wohl nicht richtig arbeiten und daher musste ich annehmen, dass der Sprit zur Neige geht. Nun, es ist zwar trotzdem nicht mehr viel, aber bei langsamer, sparsamer Fahrt muss es bis zum Ziel reichen."

Der Kapitän sieht seinen Leitenden Ingenieur lächelnd und erleichtert an und meint: „Na, Sie haben mir ja einen Schrecken eingejagt, aber egal. Ende gut, alles gut."

Nach dem Zwischenfall mit den beiden Fischdampfern nimmt *Diether von Roeder* seine Vorpostenstellung wieder ein.

Am Nachmittag empfangen sie einen UK-Spruch von *Hans Lüdemann*: „Sofort gemäß Plan in Hafen Narvik einlaufen. Ablösung erfolgt."

Holtorf grinst.

„Gut so, rin inne Kartoffel, raus aus de Kartoffeln!"

Diether von Roeder muss gemäß Operationsplan ihre 250 Gebirgsjäger in Elvegaardsmoen am Hergangsfjord an Land geben. Dies ist der nördlichste Zipfel des Ofotfjord. Denselben Befehl haben die Zerstörer *Wolfgang Zenker*, *Erich Koellner* und *Hermann Künne*.

Kapitän Holtorf überlegt sich, dass die drei anderen Zerstörer ihre Truppen wohl bereits angelandet haben oder gerade dabei sind.

„Zurück nach Hamnes!", ruft er seinem WO zu.

Bei Hamnes angekommen, lässt Holtorf seine beiden Jollen wieder einschiffen und erfährt dort von einem der Kommandanten der dort liegenden Zerstörer, dass es dort leider keinerlei Befestigungen gibt, sondern nur einige verschneite Blockhütten.

Holtorf ist von dieser Nachricht nicht wirklich begeistert und meint zu seinem Ersten Offizier: „Wenn es dort keine Geschütze gibt, ist die Einfahrt nach Narvik ungeschützt und jeder kann reinschippern wie er will!"

Der Erste Offizier wendet ein: „Es sollen doch aber entsprechende Geschütze für Küstenbatterien unterwegs sein!"

Kommandant Holtorf räuspert sich.

„Wer weiß, wann die kommen. Vielleicht werden die Schiffe auch von den Engländern geschnappt."

Holtorf ahnt nicht, dass die Briten tatsächlich alle Transportschiffe für Narvik versenkt haben.

Diether von Roeder läuft nun nach Elvegaardsmoen ein und ankert bei den anderen Zerstörern, die seit 6 Uhr dort liegen, und lässt ihre Gebirgsjäger an Land gehen.

Gegen 18 Uhr ist die Ausschiffung von Truppe und Gerät beendet und es kommt der Befehl: „Sofort nach Narvik, Brennstoff ergänzen."

„Nun gut", meint der Kommandant, der gerade dabei ist ein Abendessen aus Kaffee, ein Stück Kommissbrot und einer Dose Ölsardinen zu sich zu nehmen.

Zehn Minuten später steht er wieder auf der Brücke.

Der Erste Offizier, der das Lichten des Ankers von der Back aus überwacht, zeigt: „Klar."

Diether von Roeder nimmt Fahrt auf und gegen 19 Uhr läuft sie in den Hafen von Narvik ein. Neben einem 12.000 Tonnen Tanker, der planmäßig am 8. April im Hafen eingelaufen ist und nun mitten im Hafen ankert, haben bereits *Hermann Künne* und *Hans Lüdemann* angelegt.

„Scheint der einzige Tanker hier zu sein! Wo bleibt denn dieser Tanker *Kattegat*?", äußert Holtorf nach einem Rundblick.

Der IO sieht ihn erstaunt an und meint: „Haben Sie denn am Vormittag den Funkspruch nicht mitbekommen, Herr Kapitän?"

„Ne, allerdings hab ich bei dem heutigen Durcheinander auch den Funkgast ein paar mal von der Brücke gejagt, aber trotzdem jedes mal gefragt, ob was Wichtiges dabei war", antwortet er.

Der erste Offizier berichtet.

„Sei es drum. Das Marinegruppenkommando West ließ mitteilen, dass mit der Ankunft der *Kattegat* nicht mehr zu rechnen sei. Gründe wurden nicht genannt."

Der Kapitän sieht den Offizier an und sagt: „Himmel, dann wird es nichts mit dem für morgen geplanten Rückmarsch."

Der 8.000 Tonnen Tanker wurde am Morgen vom norwegischen Fischereischutzboot *Nordkapp* angehalten und daraufhin von der eigenen Besatzung versenkt.

Der FdZ setzt nach Detachierung der Zerstörer für die Ramnes-Enge und der Zerstörer, die ihre Jäger für die Besetzung des Übungsplatzes von Elvegaardsmoen landen sollen, mit *Wilhelm Heidkamp*, *Georg Thiele* und *Bernd von Arnim* die Landeaktion fort.

Es kommen dichte Polarschneeböen auf und tarnen die Zerstörer, sodass sie von den norwegischen Unterseebooten B1 und B3 nicht klar ausgemacht werden können und diese so nicht zum Angriff kommen.

Die drei Zerstörer kommen gegen 18 Uhr vor Narvik an.

Dort stellt sich das 40 Jahre alte norwegische Küstenpanzerschiff *Eidsvold* der deutschen Flotte in den Weg. Kommodore Bonte schickt daraufhin einen Unterhändler zum norwegischen Kapitän, da auch er bestrebt ist, unnötiges Blutvergießen zu verhindern. Der norwegische Kommandant Fregattenkapitän Odd Isachsen Willoch weigert sich jedoch, den deutschen Verband passieren zu lassen. Die deutschen Unterhändler müssen unverrichteter Dinge wieder zur *Wilhelm Heidkamp* zurückkehren.

Als der Küstenpanzer nach seinem Schwesterschiff *Norge* funkt und sich anschickt seine Geschütze auf die deutschen Zerstörer zu richten, befiehlt Bonte: „TO Küstenpanzer auffassen, Feuererlaubnis, Feuer frei!"

Die Torpedos klatschen in das eiskalte Fjordwasser und Sekunden später gibt es zwei mächtige Detonationen beim Norweger. Dieser wird durch eine ungeheure Explosion zerrissen.

Nach einer gefühlten Ewigkeit kommen die Zerstörer bei ihrem Ziel an. Endlich ruhigeres Fahrwasser, endlich kein Schlingern und Stampfen mehr.

Langsam und vorsichtig fahren die Boote in das Fjord ein. Alle Mann der Besatzung sind auf Gefechtsstation, alle Geschütze sind gefechtsklar.

Auch Emil Asmuss ist an seinem Platz am 3,7 cm Geschütz.

„Na, Emil, bekommst ja langsam wieder Farbe", meint sein Geschützführer.

„Jawohl, Herr Maat. Endlich ist dieser Seegang vorbei", gibt er bedrückt zurück.

Auf den deutschen Schiffen sind alle Besatzungen bis in die Haarspitzen angespannt und warten auf den Feind. Wie wird er reagieren? Wird er die deutsche Schutzmacht akzeptieren oder zum Widerstand antreten? Das alles sind Fragen, die die deutschen Matrosen bewegen.

Gemäß ihres Operationsbefehls läuft die *Künne* zusammen mit ihren Schwesterbooten in Elvegardsmoen ein, um die Gebirgsjäger auszulanden, welche das Materiallager besetzen und die dortigen Stellungen niederkämpfen sollen.

„Jetzt volle Konzentration! Die Jäger landen jetzt. Mal schauen, wie die Norweger reagieren. Vielleicht müssen wir den Heereskameraden Feuerschutz geben!", meint Christensen.

Alle sind gespannt, doch nichts passiert. Kaum ein Schuss fällt, die Geschütze der Zerstörer müssen nicht eingreifen.

Die Operation geht planmäßig weiter.

Aus einem Nebenarm kommt nun die *Norge* in Sicht und stößt auf die *Bernd von Arnim*, die gerade dabei ist am Pier anzulegen und die Gebirgsjäger an Land gehen zu lassen. Der Kommandant der *Norge*, Fregattenkapitän Per Askim lässt das Feuer aus seinen 21 cm und 15 cm Geschützen eröffnen. Die erste Salve der *Norge* liegt jedoch zu kurz, die zweite hingegen zu weit.

Der Kommandant der *Bernd von Arnim* gibt zunächst den Befehl, das Pier anzusteuern und die Gebirgsjäger von Bord zu lassen.

Danach befiehlt Kapitän Rechel seinem AO: „Feuer frei!"

Sofort donnern die 12,7 cm Geschütze los und die Abschussdetonationen hallen über den Hafen von Narvik. Doch die vorherrschende schlechte Sicht, die den Norweger behindert, erschwert nun auch den deutschen Zerstörern das Zielen, denn mittlerweile hat auch die *Georg Thiele* das Feuer eröffnet, aber ebenfalls keine Treffer erzielen können.

Nach mehreren ergebnislosen Salven befiehlt Rechel seinem Torpedooffizier: „Ziel auffassen – Feuer frei."

Insgesamt macht die *Bernd von Arnim* drei Doppelfächer los. Die ersten beiden verfehlen das Küstenpanzerschiff, doch die dritte Salve trifft den Küstenpanzer voll. Dieser sinkt innerhalb von nur 90 Sekunden. Bei der anlaufenden Rettungsaktion können 90 Mann der *Norge*, aber nur sechs Mann der *Eidsvold* gerettet werden.

Nun können die restlichen Gebirgsjäger in den Hafen von Narvik angelandet werden und diesen besetzen.

Bei der Inbesitznahme von Narvik und Umgebung verläuft alles nach Plan. Das norwegische 13. Infanterieregiment leistet nur geringen Widerstand und setzt sich schnell ab. Die Stadt selbst wird sogar kampflos erobert, denn der norwegische Stadtkommandant Oberst Sundlo ist ein Sympathisant der Nasjonal Samling von Vidkun Quisling.

Kommodore Bonte setzt sich mit den Fregattenkapitänen Bey und Gadow in Verbindung und befiehlt sie auf die *Wilhelm Heidkamp*.

Die beiden Offiziere kommen wenig später mit Motorjollen längsseits des Führungszerstörers. Diese so unterschiedlichen Männer betreten das Kartenhaus, in dem Bonte, der Kommandant der *Wilhelm Heidkamp*, sein I. Navigationsoffizier und der Nachrichtenoffizier bereits zugegen sind.

„Guten Tag, meine Herren. Treten Sie näher", werden sie von Friedrich Bonte begrüßt. „Eigentlich war es geplant, dass wir heute unsere Vorräte an Brennstoff auffüllen und dann morgen den Rückmarsch antreten. Doch durch die Versenkung der *Kattegat* ist dieses Vorhaben illusorisch geworden. Da wir mit einem weiteren Tanker nicht rechnen können, müssen wir uns eben mit der *Jan Wellem* zufriedengeben. Was das jedoch bedeutet, ist wohl jedem von Ihnen klar. Weder kann der Zeitplan eingehalten werden noch ist es sicher, ob der Brennstoff der *Wellem* für alle Schiffe genügt. Auch müssen wir damit rechnen, dass britische Schiffe versuchen werden, in den Fjord zu stoßen, denn es ist klar, dass die Vettern nun von unserem Unternehmen wissen. Da ich jedoch nicht von einem Flottenverband des Gegners überrascht werden will, befehle ich erstens, Bey, Sie werden mit *Wolfgang Zenker*, *Erich Giese* und *Erich Koellner* im Herjangsfjord Stellung beziehen. *Anton Schmitt*, *Bernd von Arnim* und *Georg Thiele* begeben sich in das Ballangenfjord, wobei sich die *Anton Schmitt* jedoch genau im Eingang des Ofotfjords zu begeben hat. *Hermann Künne* und *Hans Lüdemann* sollen schnellstmöglich weiter bunkern und danach die Ablösung für die *Diether von Roeder*, welche die *Anton Schmitt* ablösen wird, und die *Bernd von Arnim*. Doch vorerst bleiben *von Roeder*, *Lüdemann* und Sie genauso wie wir selbst hier im Hafen. Die Wachen sollen verschärft Ausguck halten. Ich will hier keine Überraschungen erleben."

Die Offiziere verlassen den Führungszerstörer und kehren auf ihre Boote zurück. Funksprüche werden zu den entsprechenden Zerstörern geschickt. Diese begeben sich, nachdem sie allesamt ihre Gebirgsjäger und das wenige Material, welches die Sturmfahrt überstanden hat, ausgeladen haben, zu den ihnen zugeteilten Positionen.

Am 10. April 1940 um 4 Uhr kommt die *Diether von Roeder* längsseits der *Anton Schmitt*, um diese abzulösen. Die *Schmitt* setzt sich Richtung Hafen ab, um ihrerseits nun Treibstoff zu bunkern. *Diether von Roeder* übernimmt nun den Sicherungsposten. Das Wetter ist weiterhin neblig und Schneeböen durchziehen die Dunkelheit.

Kapitän Holtorf steht auf der Brücke und sieht in die Nacht hinaus.

"Ganz schöne Suppe da draußen. Da sehen wir die Vettern ja erst, wenn sie am Vorbeidampfen sind", meint Holtorf zu seinem Wachoffizier.

Knapp eine Stunde später, am Horizont zeichnet sich ein leichtes, helles Band ab, kommt der Haupt-BÜ zum Kommandanten.

„Ein verstümmelter Befehl wohl von der *Wilhelm Heidkamp*, Herr Kapitän. Der FTO meint, es ist der Befehl zum Rückmarsch nach Narvik, da die *Lüdemann* bereits auf dem Weg sei.“

Erich Holtorf sieht den BÜ aus müden, übernächtigten Augen an und sagt lauter als gewollt: „Was heißt hier, er meint? Ist er sich sicher oder nicht?“

Der Haupt-Bordübermittler überlegt kurz und antwortet: „Jawoll, Herr Kapitän. Er ist sich sicher.“

Kommandant Holtorf dreht sich langsam wieder um und befiehlt: „Gut, dann zurück nach Narvik. Befehl an den WO: Hart Steuerbord, Umdrehungen für 18 Knoten!“

Wenig später läuft die *Diether von Roeder* im Hafen von Narvik ein.

„Herr Kapitän, die *Hans Lüdemann* liegt noch immer hier vor Anker“, meldet der Wachoffizier.

Kapitänleutnant Holtorf sieht seinen WO verstört an.

„Wie bitte? Die *Lüdemann* sollte doch jetzt auf unserem Posten sein! Irgendwas ist hier doch faul! Sofort FT an *Hans Lüdemann*, K an K: Wann befohlene Wachablösung? Los, Mann, Beeilung!“

Plötzlich steigt dort, wo die *Wilhelm Heidkamp* vor Anker liegt, eine mächtige Stichflamme empor. Das ganze Schiff wird in einem geisterhaften rot-orangefarbenen Licht beleuchtet.

„Alarm!“, schreit jemand auf der *Diether von Roeder*.

Alarmglocken schrillen.

Fliegeralarm wird gegeben.

„Alle Flugabwehrwaffen Feuer frei! Störfeuer!“, befiehlt Kapitän Holtorf.

Sämtliche Flak schießen aus Mangel an erkennbaren Zielen Stör- und Sperrfeuer in die Luft.

„Mündungsfeuer aus Richtung Hafeneinfahrt!", meldet da plötzlich die Steuerbordwache.

Alle Augen richten sich schlagartig in die angegebene Richtung.

„Tatsächlich! Mündungsblitze! Also kein Luftangriff! Flak, Feuer einstellen! Volle Kraft auf die erkannten Ziele!", befiehlt Holtorf.

Nach wenigen Minuten Fahrt kommt wieder eine Meldung der Wache.

„Schatten voraus! Kein eigenes Schiff."

„AO, Feuer frei. TO, Ziel auffassen, Feuer frei!", befiehlt der Kapitän.

Die schweren Geschütze schwenken auf den Feind ein. Der Torpedooffizier gibt die Werte an seine Männer. Die Rohre schwenken auf den nun als britischen Zerstörer erkennbaren Gegner ein und die Aale verlassen die Rohre. Kaum hat die *von Roeder* das Feuer eröffnet, da schlagen mehrere Granaten in den Kesselraum II ein.

„Feuer im Kesselraum!", gellt es von einem BÜ.

„Sofort Löschmaßnahmen ergreifen!", kommt es zurück.

„Geschütz 3 ausgefallen!", meldet nun der AO und der Rudergänger schreit: „Ruder ausgefallen, Boot ist nicht mehr zu steuern!"

Kapitän Holtorf schnellt herum und befiehlt: „Mit Maschinen steuern. Zum Pier zurück."

Es ist 6.20 Uhr des 10. April 1940. Das Heck der *Diether von Roeder* schlägt gegen das Postpier.

Das Schiff ist nicht mehr zu steuern, doch glücklicherweise ziehen sich die Briten zurück und die Männer des deutschen Zerstörers können damit beginnen, ihre Verwundeten und Gefallenen an Land zu bringen. Langsam entsteht ein klares Bild und die Ausmaße der Verluste der deutschen Kampfgruppe werden deutlich.

Nach der Besprechung an Bord der *Wilhelm Heidkamp* kehrt etwas Ruhe ein. Das Schiff macht längsseits der *Jan Wellem* fest, um Brennstoff zu ergänzen. Alles verläuft routinemäßig. Jeder Mann der Besatzung weiß, was er zu tun hat. Der Vorgang ist erst gegen 23 Uhr des 9. April 1940 abgeschlossen und die *Heidkamp* setzt sich etwas seitlich des Tankers ab, um Platz für den nächsten Zerstörer zu machen. Alle Männer, die keine Wache haben, gehen in ihre Kojen oder Hängematten. Sie können sich endlich von den Strapazen der vergangenen Tage erholen.

Als der Morgen graut, erblickt die Kriegswache ein Schiff, welches mit mittlerer Geschwindigkeit Richtung Hafenbecken fährt.

Die Wache ruft zum BÜ: „Sofort Meldung an WO, gesichtet deutschen Zerstörer, wahrscheinlich *Diether von Roeder*, los, Beeilung."

Keine drei Minuten später steht der II.WO bei der Wache und blickt mit seinem schweren Zeiss in Richtung des gemeldeten Zerstörers.

„Kein Zweifel, das ist die *Diether von Roeder*. Was soll denn der Blödsinn? Die sollten doch noch in der Einfahrt stehen! Sofort Meldung an Kommodore Bonte! Da ist etwas faul."

Der Zweite Wachoffizier kann seinen Befehl nicht mehr weitergeben.

Da ertönt der Ruf: „Alarm! Feindliche Zerstörer voraus!"

Der II.WO will gerade Alarm geben, doch schon wird das Boot von einem Torpedo eines britischen Zerstörers in Höhe der III. Abteilung getroffen. Ohrenbetäubend ist die Explosion. Die Männer an Deck werden von der plötzlichen Helligkeit geblendet. Die achtere Munitionskammer explodiert und dadurch wird das Achterschiff bis zum Turbinenraum I abgerissen. Alle dort befindlichen Männer und auch Kommodore Friedrich Bonte samt seines Stabes fallen. Es sind insgesamt 81 Seemänner. Das abgerissene Schiffsteil versinkt in den kalten Fluten des norwegischen Fjords. Der Rest des Bootes bleibt vorerst schwimmfähig. Als die feindlichen Zerstörer den Rückmarsch antreten, wird das Wrack der *Wilhelm Heidkamp* zur Sicherung am schwedischen Dampfer *Oxelösund* festgemacht. Alle brauchbaren Waffen, Munition, Geräte und Vorräte werden von den Überlebenden geborgen.

Gegen 6.11 Uhr des 11. April 1940 kentert und sinkt die *Wilhelm Heidkamp* im Hafen von Narvik.

Die *Anton Schmitt* läuft nach der Ablösung durch die *Diether von Roeder* in den Hafen von Narvik ein, um sich an die Seite der *Jan Wellem* hinter die *Wilhelm Heidkamp* zu begeben. Sie möchte Brennstoff bunkern, bevor es dann im Laufe des Tages auf den Rückmarsch gehen soll. Nachdem alles für die Übernahme des Treibstoffes vorbereitet ist, beginnt das Bunkern. Alles verläuft vorschriftsmäßig, jeder Handgriff sitzt, denn es wurde bereits hunderte Male durchgeführt.

„Alle Freiwachen begeben sich zur Ruhe", befiehlt Korvettenkapitän Böhme. „WO, ich selbst werde mich ebenfalls für etwa drei Stunden in meine Kajüte begeben. Wecken Sie mich, falls es etwas Besonderes gibt."

Böhme grüßt lässig und geht.

Der Morgen beginnt zu grauen, der Nebel wird immer undurchsichtiger, Schneeböen wehen über das Wasser.

Da meldet ein Ausguck: „Zerstörer voraus!"

Der Wachoffizier blickt durch die schwere Zieloptik und bekommt den Zerstörer relativ klar in das Bild.

„Das ist die *Diether von Roeder*! Wieso läuft sie zurück in den Hafen? Sollte etwa schon abgelöst werden? Aber die *Hans Lüdemann* liegt doch noch vollkommen ruhig hier", meint der WO an den NO gerichtet.

„Sollten wir vielleicht Kapitän Böhme wecken?", fragt der Navigationsoffizier zurück.

„Nein, nein. Soll nicht unser Problem sein. Es liegen ja auch noch ein paar Boote in der Nähe der Einfahrt", meint der Wachoffizier.

Einige Minuten später wird es auf einmal auf der vor ihnen liegenden *Wilhelm Heidkamp* sehr lebendig. Plötzlich gibt es eine Explosion, gefolgt von einer noch gewaltigeren Detonation. Die vor ihnen liegende *Heidkamp* zerbricht in zwei Teile und das Achterschiff sackt schnell weg.

„Alarm!", schreit der Wachoffizier und schon erschüttern zwei kurz hintereinander erschallende Explosionen die *Anton Schmitt*.

Das Schiff bricht in mehrere Teile auseinander und reißt 52 Besatzungsmitglieder mit in die Tiefe. Der Rest kann gerettet werden und wird an Land gebracht.

Die *Bernd von Arnim* läuft nach dem Bunkern in den Balangenfjord. Hier hält sie Posten, um einen eventuellen Gegner, welcher in den Ofotfjord einlaufen will und dort eigentlich zwangsläufig von dem im Eingang des Fjords stehenden Zerstörer gesichtet werden müsste, überraschend in die Flanke zu fallen. Doch der Morgen des 10. Aprils verläuft ruhig. Die *Bernd von Arnim* wird genauso wie die ebenfalls wartende *Georg Thiele* nicht verständigt.

„Sehr schön!", meint Korvettenkapitän Curt Rechel zu dem neben ihm stehenden Obersteuermann. „Wenn alles weiterhin so gut läuft, dann können wir wohl gegen Mittag den Anker lichten und den Rückmarsch antreten."

Der Obersteuermann blickt auf seine Karte, sieht zum Kapitän herüber und meint: „Jawohl, Herr Kapitän. Fraglich wird es nur, wenn die Vettern auf die Idee kommen sollten, den Fjord zu sperren."

Kapitän Rechel grinst leicht und sieht seinen Obersteuermann überlegen an.

„Nun immerhin kreuzt Admiral Lütjens mit der *Scharnhorst* und *Gneisenau* auch noch in der Gegend herum."

Eine halbe Stunde später kommt der FTO auf die Brücke gestürzt und meldet völlig außer Atem: „Herr Kapitän, die Briten haben den Narvik-Hafen und unsere darin ankernden Boote angegriffen! Sie müssen irgendwie unbemerkt an uns und der *Diether von Roeder* vorbeigestoßen sein! Sollen sich jetzt auf dem Rückmarsch befinden!"

Rechel fährt erschrocken herum.

„Wie bitte? Wie kann so eine Schweinerei passieren? Welche Stärke hat der Verband? Welcher Schiffstyp? Was befiehlt der Kommodore?"

Der Funkoffizier blickt betroffen drein und meldet betrübt: „Die *Wilhelm Heidkamp* wurde wohl versenkt. Genau wie die *Anton Schmitt*. Es muss damit gerechnet werden, dass Kommodore Bonte gefallen ist. Der Feind griff vermutlich mit fünf bis sechs Zerstörern an."

Das Gesicht von Curt Rechel verfinstert sich.

„Gut, Spruch an *Georg Thiele*: K. an K. Auslauf so schnell wie möglich. Gegner beim Rückmarsch abfangen und überraschend angreifen. Voller Einsatz!

Versuch *Kreuzendes T*. Wie steht es mit den Booten im Herjangsfjord?"

Der FTO meldet: „Laufen ebenfalls aus, um dem Gegner in die Flanke zu stoßen, Herr Kapitän."

Korvettenkapitän Rechel blickt ein wenig zufriedener.

„Gut, also Anker lichten und alles was drin ist. Wenn wir schnell genug sind, können wir ein *Kreuzendes T* durchführen."

Die beiden Zerstörer laufen aus dem Balangenfjord aus und die Besatzungen machen sich gefechtsklar. Sie sind tatsächlich schnell genug und das Manöver *Kreuzendes T* kann ausgeführt werden. Nun können sowohl die *Bernd von Arnim* als auch die *Georg Thiele* ihre fünf Geschütze gegen die Führungszerstörer der Briten zur Geltung bringen. Dieser kann gegen die deutschen Schiffe nur seine Buggeschütze einsetzten. Somit ist die *HMS Hardy* allein dem Feuer der Deutschen ausgeliefert. Er erhält schwere Treffer und wird manövrierunfähig geschossen.

Als dieser im seichten Wasser des Fjords strandet, befiehlt Kapitän Rechel seinem Artillerieoffizier: „Zielwechsel auf den folgenden Zerstörer. Sobald möglich auch Feuererlaubnis für die Flak!"

Auch dieser Zerstörer wird schwer getroffen und gerät in Brand. Die drei Boote aus dem Herjangsfjord erzielen ebenfalls Treffer, konzentrieren sich jedoch vorrangig auf den dritten britischen Zerstörer, die *HMS Hotspur*. Diese erhält einen Treffer in die Ruderanlage, ist manövrierunfähig und rammt dadurch die vor ihr fahrende, brennende *HMS Hunter*, worauf diese sinkt.

Die beiden übrigen britischen Zerstörer, denn es war eine Flotte von fünf britischen Zerstörern, welche in den Fjord eindrang, bekämpfen mit Löwenmut die fünf deutschen Zerstörer und können sowohl auf der *Georg Thiele*, als auch auf der *Bernd von Arnim* Treffer erzielen und sich mit der schwer beschädigten *HMS Hotspur* absetzen. Der Führer der 4. Zerstörerflottille, Erich Bey, der nach dem Tod von Friedrich Bonte den Befehl über die restlichen Zerstörer in Narvik übernommen hat, befiehlt daraufhin mit Hinblick auf die Brennstoff- und Munitionslage die Verfolgung der restlichen britischen Zerstörer einzustellen.

Bernd von Arnim hat bei diesem Gefecht fünf Treffer erhalten und muss zwei Tote beklagen.

Georg Thiele liegt zusammen mit der *Bernd von Arnim* im Balangenfjord. Korvettenkapitän Wolf blickt zufrieden in den anbrechenden Tag.

„Nun, es betrübt sich. Doch der Nebel und die Schneeböen werden uns hoffentlich auch beim Rückmarsch Deckung geben. Die Engländer haben bestimmt schon Wind von unserem kleinen Unternehmen bekommen und entsprechende Gegenmaßnahmen eingeleitet. Großkampfschiffe haben sie ja wohl genug."

Wolfs II.WO blickt durch sein Seeglas, nimmt es herunter und antwortet ruhig: „Ja, keine Lust einem Schlachtkreuzer vor die Rohre zu dampfen. Laufen ja auch selten ohne Deckungskräfte durch die Gegend. Also lieber noch 'n bisschen mehr Nebel, Wind und Seegang. Wenigstens so lange bis uns die Schlipssoldaten Deckung aus der Luft geben können, Herr Kapitän."

Er nimmt das Glas wieder vor die Augen und blickt zur *Bernd von Arnim* hinüber.

„Sieht aus, als ob die Kameraden sich zum Auslaufen klar machen, Herr Kapitän!"

Korvettenkapitän Max-Eckart Wolf nimmt nun seinerseits sein Fernglas zur Hand, führt es zu seinen Augen und will gerade ein Blick zum Zerstörer hinüber werfen, als der Haupt-Bordübermittler auf die Brücke gestürzt kommt und einen Funkspruch der *Hans Lüdemann* überreicht.

Kapitän Wolf nimmt den Zettel zur Hand und meint zum II.WO: „Sofort Alarm geben. Die Briten haben Narvik angegriffen. Vermutlich fünf bis sechs Zerstörer. Sind gerade auf dem Rückmarsch."

Der FTO meldet nun: „Herr Kapitän, FT von *Bernd von Arnim*. So schnell wie möglich auslaufen. Voller Einsatz! Versuch *Kreuzendes T!*"

Die Alarmglocken schrillen und blitzartig herrscht geschäftiges Treiben auf dem Schiff.

„Na, dann los. Wenn das gelingen soll, was der Rechel vorhat, müssen wir vor den Vettern aus dem Balangenfjord stoßen und sie abfangen. Haben wir eine Meldung von Bey oder Bonte?", fragt Wolf den FTO.

Dieser blickt ihn betrübt an und antwortet: „Die *Wilhelm Heidkamp* wurde versenkt. Es wird vermutet, dass Kommodore Bonte gefallen ist, Herr Kapitän. Kapitän Bey läuft mit seinen Schiffen ebenfalls aus, um den Gegner in die Flanke zu stoßen."

Wenig später stehen die beiden Zerstörer vor dem Feind. Die Sicht ist immer noch undurchsichtig. Der Einsatz der schweren Artillerie wird dadurch erheblich erschwert, doch können die deutschen Zerstörer zehn Geschütze gegen den ersten britischen Zerstörer zum Tragen bringen. Der Feind wird mehrfach getroffen, ist anscheinend manövrierunfähig und läuft im seichten Wasser auf Grund.

„Sofort Zielwechsel auf den nächsten Gegner!", befiehlt Wolf.

Nun drehen die 12,7 cm Geschütze des Zerstörers auf den zweiten Gegner.

„Torpedowaffe, Feuer auf den zweiten Gegner."

Der TO gibt seine Zieldaten an seine Männer weiter. Ein Viererfächer wird losgemacht und trifft den zweiten Zerstörer, welcher sich später als *HMS Hardy* herausstellt.

Die Schiffe des Fregattenkapitäns Bey, aus dem Herjangenfjord stoßend, bekämpfen den dritten Zerstörer in der Formation der Engländer und erzielen auch dort mehrere Treffer, die unter anderem in die Ruderanlage schlagen. Es handelt sich dabei um die *HMS Hotspur*. Sie kann nicht mehr manövrieren und rammt die ohnehin schon schwer beschädigte *HMS Hardy*, die daraufhin sinkt.

Die übrigen zwei Zerstörer der Briten verteidigen sich heldenhaft, geben der schwer angeschlagenen *Hotspur* Deckung, sodass auch sie sich kämpfend mit Maschinensteuerung zurückziehen kann. Es werden auch zahlreiche Treffer auf den beiden deutschen Schiffen erzielt und die 12 cm Geschosse verursachen zum Teil schwere Schäden. Die *Georg Thiele* erhält sieben schwere Treffer, welche zu teils heftigen Bränden führen, die nur unter Mithilfe der *Bernd von Arnim* gelöscht werden können.

Die *Erich Koellner* steht zusammen mit der *Erich Giese* und der *Wolfgang Zenker* im Harjangsfjord. Die Schiffe werden kurz nach dem Angriff der Briten auf die im Hafen von Narvik liegenden Schiffe verständigt. Die *Koellner* greift gemeinsam mit den beiden anderen Booten die bereits mit der *Bernd von Arnim* und der *Georg Thiele* im Gefecht stehenden britischen Zerstörer an und eröffnet auf die *HMS Hotspur* das Feuer. Diese erhält unter anderem einen schweren Treffer in die Ruderanlage, rammt die vor ihr laufende *HMS Hardy*, kann sich aber zusammen mit zwei weiteren Zerstörern, bei denen es sich um die *HMS Havock* und die *HMS Hostile* handelt, retten.

Auf dem Rückmarsch gelingt es den Briten noch, den deutschen Frachter *Rauenfels* zu versenken, der gerade in den Fjord einlaufen will und schweres Gerät für die in Narvik kämpfenden Truppen geladen hat.

Da die beiden aus dem Balangenfjord gekommenen Zerstörer teils erheblich beschädigt wurden und die drei Herjangsfjord-Zerstörer kaum noch Treibstoff und Munition hatten, entscheidet sich Fregattenkapitän Erich Bey, der nach dem Tod von Kommodore Friedrich Bonte das Kommando über die in Narvik stehenden Schiffe übernommen hat, die britischen Schiffe nicht weiter zu verfolgen.

Der britische Zerstörerverband wurde beim Einlaufen in den Fjord vom deutschen Unterseeboot U-51 angegriffen. Später beim Auslaufen aus dem Fjord erfolgt dann noch einmal ein Angriff zusammen mit dem U-Boot U-25 auf den Restverband der drei übriggebliebenen britischen Zerstörer. Alle Angriffe schlagen durch Torpedoversager fehl.

Die Gruppe Narvik wird am Nachmittag des 10. Aprils noch mal von Großadmiral Erich Raeder aufgefordert, mit den restlichen Zerstörern den Rückmarsch anzutreten. Fregattenkapitän Bey entscheidet sich daraufhin, mit den voll einsatzfähigen Booten *Erich Giese* und *Wolfgang Zenker* zum Eingang des Ofotfjords zu stoßen.

Die *Erich Koellner* ist nicht dabei, da sie bei einer vorher durchgeführten Wachaufgabe auf Grund lief und stark Wasser machte. Diese Beschädigung kann in Narvik nicht repariert werden und so entscheidet man sich, sie nahe Ramnes in flachem Wasser als schwimmende Batterie zu verwenden. Da sie dort ihre Torpedos nicht einsetzen kann, gibt sie diese an die *Bernd von Arnim* ab. Auch der Großteil des gebunkerten Treibstoffs wird an die *von Arnim* überführt. 90 Mann der Besatzung werden an Land gesetzt, da sie nun nicht mehr auf dem Zerstörer benötigt werden.

Die kleine Gruppe von Kapitän Bey bricht zwei Stunden nach Auslaufen den Ausbruch ungefähr auf der Höhe der Insel Barö ab, da sie von feindlichen Streitkräften gestellt werden und ein Gefecht als aussichtslos angesehen wird. Die feindlichen Einheiten bestehen zu diesem Zeitpunkt vorerst aus dem leichten Kreuzer *Penelope* und zwei Zerstörern. Auf deutscher Seite rechnet man jedoch auch mit mehr.

Fregattenkapitän Bey funkt nach Berlin zurück, dass ein Ausbruch unmöglich sei und der Fjord von britischen Einheiten abgeriegelt wird.

Der 11. und 12. April wird dazu verwendet, die Beschädigungen der Schiffe zu reparieren und eine möglichst hohe Einsatzfähigkeit herzustellen.

Die *Penelope* läuft bei der Verfolgung eines weiteren deutschen Versorgers auf einen Felsen, wird dadurch schwer beschädigt und muss von einem Zerstörer geschleppt werden. Dadurch kann der geplante Angriff dieser Schiffsgruppe nicht stattfinden und so macht sich das britische Schlachtschiff *Warspite* mit vier Zerstörern auf den Weg nach Narvik.

Fregattenkapitän Erich Bey wird darüber informiert, dass am 13. April mit einem massiven Vorstoß schwerer britischer Einheiten zu rechnen ist. Er will einige seiner Boote in einer Art Hinterhaltstellung in Nebenfjorden positionieren, doch der Angriff der Engländer erfolgt früher als gedacht.

Am frühen Nachmittag des 13. April läuft das Schlachtschiff samt seiner vier Zerstörer, verstärkt durch fünf weitere Zerstörer aus dem Verband der *Penelope* in den Fjord ein. Den Verband führt Vizeadmiral William Whitworth auf *Warspite*.

Gegen 13 Uhr sichten *Hermann Künne* und *Erich Koellner* den britischen Verband.

Die beiden deutschen Zerstörer, welche sich gerade auf ihre Hinterhaltposition begeben wollen, werden vom Bordflugzeug der *Warspite* entdeckt und gemeldet. Daraufhin werden beide Zerstörer unter schwerstes Feuer genommen. Die *Erich Koellner* sinkt nach mehreren Treffern der britischen Zerstörer *HMS Eskimo* und *HMS Bedouin*. Auch erhält sie mehrere schwere Treffer durch die *HMS Warspite*, allerdings durchschlagen die 38,1 cm Granaten des Schlachtschiffes die *Erich Koellner* ohne zu explodieren. Der Kommandant der *Hermann Künne* entscheidet sich dazu, sein Boot nach Verbrauch der letzten Munition in den Herjangsfjord zu steuern und dort auf Grund zu setzen, sodass seine verbliebene Besatzung das Festland erreichen kann. Die *Hermann Künne* wird später durch einen Torpedo vollends zerstört.

Nach dem ersten Gefecht mit britischen Zerstörern herrscht auf der *Hermann Künne* reges Treiben. Sie können bei diesem Gefecht nicht eingreifen, denn kurz nach dem Ablegen haben sie einen Maschinenschaden und müssen wieder anlegen und notwendige Reparaturen vornehmen. Diese sind nun erledigt und die *Hermann Künne* ist zusammen mit der *Erich Koellner* auf dem Weg zu der ihnen befohlenen Position.

„Alarm!", erklingt es plötzlich durch die Schiffe.

„Flugzeug an Backbord, Feuer frei!", lautet nun der Befehl des AO.

Die Flak des Matrosen Asmuss schwenkt auf den Feind ein.

„Feuer frei!", befiehlt der Geschützführer und schon donnert die Flak los.

Immer wieder lädt Asmuss das Geschütz, immer wieder erklingt das metallische Klirren der leeren Hülsen auf dem Metalldeck des Zerstörers. Die *Erich Koellner* eröffnet das Feuer auf die nun anlaufenden englischen Zerstörer, wird aber sehr schnell zusammengeschossen.

„Zielwechsel auf den vordersten Zerstörer!", erklingt nun der Befehl des AO an die Geschützführer der Artilleriewaffen.

Die 3,7 cm Flugabwehrkanone des Geschützführers Christensen schwenkt nun auf den durch das Schneegestöber nur schwer zu erkennenden feindlichen Zerstörer ein und donnert los. Trotz der Kälte strömt Asmuss wieder Schweiß aus allen Poren. Wieder funktioniert er, ohne darüber nachzudenken, was er überhaupt macht. Schuss auf Schuss jagt aus dem Geschütz. Das Rohr glüht.

„Kaum noch Munition!", erschallt nun der Ruf.

Wie gehetzt jagen nun Matrosen über das Deck. Aus dem Augenwinkel sieht Asmuss, wie Männer Wasserbomben auf dem Boot befestigen.

„Was soll denn das?", denkt er sich. „Wenn da ein Treffer reingeht, ist es aus!"

Dass der Zerstörer abdreht, das Feuer aus Munitionsmangel immer schwächer wird und teilweise eingestellt werden muss, bekommt er nicht mit.

„Der letzte Munitionsrahmen!", ruft der Ladeschütze 3 ihm zu.

Er wird in das Geschütz geführt und die letzten Granaten verlassen das Rohr.

„Was nun?"
Fragende Gesichter wenden sich in Richtung des Geschützführers, als ein Meldegänger den Befehl zum Verlassen des Schiffes gibt. Ein kräftiger Ruck folgt und die *Hermann Künne* läuft auf Grund.

Vor dem Hafen von Narvik wird die *Erich Giese* vernichtet. Die *Diether von Roeder*, welche bewegungsunfähig am Pier liegt, wird von ihrer Besatzung gesprengt.

Beim Gefecht mit der *Erich Giese* wird der britische Zerstörer *HMS Cossack* beschädigt und läuft auf Grund. Sie kann später jedoch repariert und abgeschleppt werden.

Ein gleichzeitig durchgeführter Luftangriff von zehn Swordfish-Trägerflugzeugen der *HMS Furious* bleibt erfolglos. Zwei Swordfish werden abgeschossen.

Die restlichen vier deutschen Zerstörer, die *Georg Thiele*, *Wolfgang Zenker*, *Hans Lüdemann* und die *Bernd von Arnim* ziehen sich in den Rombaksfjord bei Narvik zurück. Nachdem die *Zenker*, die *von Arnim* und die *Lüdemann* ihre komplette Munition verschossen haben, werden sie von ihren Kommandanten am östlichen Ende des Fjords auf Grund gesetzt, um die Besatzungen zu retten. Die *Georg Thiele* deckt die Operation, setzt sich quer in die Einfahrt des Rombaksfjord und hält damit den britischen Verband auf. Der *Thiele* gelingt ein Torpedotreffer auf der *HMS Eskimo*, welcher das komplette Vorschiff wegreißt. Als auch die *Georg Thiele* keinerlei Munition mehr hat, wird auch sie auf der Südseite des Fjords auf Grund gesetzt.

Nachdem sämtliche deutsche Zerstörer versenkt wurden und die beschädigten britischen Zerstörer geborgen wurden, verlässt der Verband von Whitworth den Ofotfjord am Abend wieder, da er mit dem Vorhandensein deutscher U-Boote rechnet.

*

Die Verluste, die Deutschland während der Operation *Weserübung* erlitt, betrugen 1.317 Gefallene, es wurden 1.604 Soldaten verwundet und 2.375 Männer wurden vermisst. Die meisten Vermissten waren auf hoher See zu beklagen und nicht bei den Gefechten selbst.

Die Kriegsmarine verzeichnete den Verlust von einem schweren Kreuzer, die *Blücher*, welche durch Küstenartillerie und Torpedobatterien am 9. April 1940 im Oslofjord versenkt wurde. Zwei leichte Kreuzer gingen auch verloren: Die *Königsberg* wurde am 10. April 1940 durch britische Bomber vom Typ Blackburn Skua versenkt und die *Karlsruhe*, welche bereits am 9. April durch das deutsche Torpedoboot *Greif* versenkt werden musste, da es vorher vom englischen Unterseeboot *Truant* schwer beschädigt wurde. Die zehn Zerstörer der Kriegsschiffgruppe I wurden allesamt bei Narvik vernichtet oder wurden von ihren Besatzungen selbst versenkt. Das Torpedoboot *Albatros* musste ebenfalls am 9. April durch Beschuss und anschließender fehlerhafter Schiffsführung durch Grundberührung aufgegeben werden. Auch vier Unterseeboote wurden in den Kampfhandlungen vernichtet. Alles in allem büßte die Kriegsmarine bei ihrem offensivsten und zahlenmäßig stärksten Unternehmen während des Krieges rund ein Drittel ihrer Stärke durch Verlust oder Beschädigung ein. Nie wieder unternahm sie eine Operation in dieser Größenordnung. Den Verlust der Hälfte ihrer Zerstörer konnte sie nie wieder ausgleichen, wodurch besonders Minenunternehmen eingeschränkt werden mussten. Die Luftwaffe setzte für *Weserübung* circa 1.050 Flugzeuge ein, darunter 582 Transportmaschinen. Von diesen gingen rund 150 Transporter verloren. Insgesamt verzeichnete die Luftwaffe einen Verlust von 242 Maschinen.

Die Alliierten erlitten Verluste auf See in Höhe von einem Flugzeugträger, zwei leichten Kreuzern, neun Zerstörern und sechs Unterseebooten und über 2.500 Mann. Diese Verluste hätten weitaus höher ausfallen können, wurden jedoch durch Torpedoversagern auf deutscher Seite verhindert.

An Menschen verloren die Briten an Land 1.896 Mann, die Norweger 1.335 Mann und die Franzosen und Polen 530 Mann.

In diesem triphibischen Unternehmen griff das Deutsche Reich zwei neutrale Staaten an, wobei es im Fall von Norwegen durch den Altmark-Zwischenfall und mehreren alliierten Minenunternehmen mehr als klar war, dass Norwegen keineswegs in der Lage war, seine Neutralität zu verteidigen. Im Falle von Dänemark hätte es bei einem Alliierten-Angriff auf dessen Hoheitsgebiet nicht anders ausgesehen. Also richtete sich das Unternehmen mittelfristig klar gegen Großbritannien durch die Sicherung der deutschen Nordflanke, der schwedischen Erztransporte und der Schließung der Ostseezugänge. Nach dem Beginn von *Barbarossa* konnten nordnorwegische Stützpunkte zum Angriff auf die alliierten Russland-Geleitzüge benutzt werden. Doch mussten auch ständig circa 350.000 Wehrmachtssoldaten als Besatzungstruppen in Dänemark und Norwegen stationiert werden, welche später an anderen Fronten fehlten. Für die Fortsetzung des Krieges war die Sicherung des Nachschubs an Erz und Stahlveredlungsmetallen unerlässlich. Nach britischen Schätzungen hätte das Deutsche Reich den Krieg nach Wegfall der skandinavischen Rohstoffe maximal zwölf Monate fortsetzen können. Für die Briten war es ein weiterer Rückschlag. Politisch verlor Premierminister Chamberlain nun auch den Rückhalt seiner eigenen Partei und wurde durch Winston Churchill ersetzt.

Die Franzosen verloren ihre nach Beginn des deutschen Westfeldzuges dringend benötigte Entlastung durch die zweite Front, welche ursprünglich von ihnen geplant gewesen war. Nun konnte sich die Wehrmacht mit nahezu ihrer gesamten Stärke gegen den Westen richten, was die bekannten Folgen nach sich zog.

Ihre Zufriedenheit ist unser Ziel!

Liebe Leser, liebe Leserinnen,

hat Ihnen unser Buch gefallen? Haben Sie Anmerkungen für uns? Kritik? Bitte zögern Sie nicht, uns zu schreiben. Wir werden jede Nachricht persönlich lesen und beantworten.

Schreiben Sie uns: info@ek2-publishing.com

Wussten Sie schon, dass Sie uns dabei unterstützen können, deutsche Militärliteratur sichtbarer zu machen? Bitte nehmen Sie sich einen Moment Zeit und bewerten Sie dieses Buch online. Viele positive Rezensionen führen dazu, dass das Buch mehr Menschen angezeigt wird.

Sie können somit mit wenigen Minuten Zeitaufwand unserem kleinen Familienunternehmen einen großen Gefallen tun. Vielen Dank für Ihre Unterstützung!

PS: In seltenen Fällen kommt ein Buch beschädigt beim Kunden an. Bitte zögern Sie in diesem Fall nicht, uns zu kontaktieren. Selbstverständlich ersetzen wir Ihnen das Buch kostenlos.

LESEPROBE

Gedrungene Körper huschten durch das kniehohe Präriegras. Von Hass erfüllte Augen richteten sich auf die kleine Farm, die sich im Licht des fahlen Mondes unten im Tal abzeichnete.

Niemand der Bewohner ahnte, dass in den nächsten Minuten der Tod seine knöchernen Finger ausstrecken würde. Niemand ahnte, dass die breitschultrigen Gestalten mit den blauschwarzen Haaren Rache und Vergeltung suchten. Tod den Weißen, den Landräubern, die in die Apacheria gekommen waren!

Einer der Krieger stieß den kläffenden Ruf eines Coyoten aus, bevor er sich erhob und in die Runde blickte. Seine scharfen Augen erkannten schemenhafte Gestalten, die durch das Gras schlichen.

Langsam kam Nebel auf und benetzte das Gras, bis es feucht wurde. Morgendämmerung, die Stunde der Apachen! Dies war die Zeit, wo der Schlaf am tiefsten und die Träume am süßesten waren.

Der Krieger huschte lautlos durch das Gras. Niemand hörte und sah ihn. Er war eins mit der Wildnis, in der er lebte und die sein Zuhause war. Er würde sie bis aufs Blut verteidigen.

Hass stand in den schwarzen Augen geschrieben, als er seine Kriegslanze umklammerte. Die Weißen mussten sterben, denn sie waren Eindringlinge im Land, das dem roten Mann gehörte!

Ein tödlicher Kreis umgab die kleine Farm. Nebel verbarg die gedrungenen Gestalten, die jetzt bis auf wenige Yards an die Farm herangekommen waren.

Sie waren zu allem entschlossen. An diesem Morgen war der Tod auf die Morrison-Farm gekommen, und er kam still und heimlich …

Landser im Weltkrieg
kaufen!

Direkt zur Serie:

KEINE NEUERSCHEINUNG VERPASSEN UND GRATIS E-BOOK SICHERN!

Tragen Sie sich in den Newsletter von EK-2 Militär ein, um über aktuelle Angebote und Neuerscheinungen informiert zu werden und an exklusiven Leser-Aktionen teilzunehmen.

Als besonderes Dankeschön erhalten Sie <u>kostenlos</u> das E-Book »Die Weltenkrieg Saga« von Tom Zola. Enthalten sind alle drei Teile der Trilogie.

Link zum Newsletter:

https://ek2-publishing.aweb.page

Über unsere Homepage:

www.ek2-publishing.com

Lernen Sie den neusten Kracher aus dem Hause EK-2-Militär kennen!

Wandeln Sie auf den Spuren des berühmten wie berüchtigten Apachen-Kriegers Geronimo und lassen Sie sich von seiner wechselvollen Lebensgeschichte voller Höhen und Tiefen, Siege und Niederlagen inmitten der Indianerkriege mitreißen.

Eine Veröffentlichung der EK-2 Publishing GmbH

Friedensstraße 12

47228 Duisburg

Registergericht: Duisburg

Handelsregisternummer: HRB 30321

Geschäftsführerin: Monika Münstermann

E-Mail: info@ek2-publishing.com

Homepage: www.ek2-publishing.com

Cover/Umschlag: Kayla Pelgrim

Autor: Hermann Weinhauer

Lektorat: Heiko Piller

Buchsatz: Heiko Piller

1. Auflage September 2024

Druckhinweis:

Libri Plureos GmbH

Friedensallee 273

22763 Hamburg